妖怪巡礼

シリーズ妖怪文化の民俗地理4

佐々木高弘

古今書院

Folk Geography of Yōkai Culture Series vol. 4

Pilgrimage to the places of yōkai

Takahiro SASAKI

Kokon Shoin, Co., Ltd.

荒振神、大嶽丸・悪路王・酒呑童子・玉藻前、これらを描く物語……
その茫漠とした空想世界に、
突如として現実に存在する地名が付与された時、
地理学者の闇の魂に炎が煌煌と点灯する。
まさに虚構と現実が、互いに手を取り合う瞬間なのだ。

……このように古代の物語、中世の物語、そして現在もある場所群を、
時空を超えて巡礼する旅が、妖怪巡礼なのだ。

はしがき

そもそも妖怪文化、と銘打ったこのシリーズ、妖怪ということばも問題で、何を意味するのかは、本書で検討するが、この術語を構成するもう一方のことば「文化」は、実はもっと大問題である。このことば、普段気軽に使っているが、説明せよといわれると、意外と難しい。つまり、よく考えてみると、知っているようで知らない用語なのだ。

文化研究（カルチュラル・スタディーズ）の、最初期の研究者レイモンド・ウイリアムスは、彼の著書『文化とは』（晶文社）のなかで、「異例に複雑なことばの用法と歴史」と、このことばを評した。彼によると、このことばは、二つの使い方があったという。一つは、「ある国民や時代や集団の特定の生活様式」、「特定の人々の生活様式全体を意味する〈精神のあり方、総合〉」。もう一つは、音楽、文学、絵画、彫刻、演劇、映画などの「知的、そしてとくに芸術的活動の作品や実践」である。

一見、何も問題はなさそうである。ところが彼はいう。前者は、私たちの地球上での、人間行為の全般を指し示している。ところが後者は、その一部である、私たちの芸術的活動を示している。彼にいわせると、この後者のほうが、一般的に使用される「文化」ということばの用法なのだと。確かに、文化勲章や文化人ということばの使用方法は、主に芸術的活動に従事している人たちであって、前者でいうような普通の生活をしている人たちには使われない。となると、普通の生活をしていては、文化勲章はもらえないし、文化人とも呼ばれないことになる。つまり後者の「文化」の用法では、前者の「文化」を、場合によっては否定することになる、と彼は主張しているのだ。たとえばクラシックのファンが、ロックを聴いて、そんなの音楽とはいわない、といったり、あるいは奥深い自然の中で、自ら水を汲み、火をおこす人の生活を、文化的生活ではない、と評するケースが思い浮かぶ。そうなると確かに「異例に複雑なことばの用法と歴史」、となる。

しかしながら、この後者の「文化」の用法は、比較的新しく登場したもので、本来は、私たちの生活様式全般を意味したのだ。この文化を特に専門に研究してきたのが、文化人類学者たちである。『文化人類学事典』（弘文堂）によると、彼らはこの文化を、つぎの四つの立場で、とらえようとしてきた。

一、文化を特定の社会の人々によって習得され、共有され、伝達される行動様式ないし生活様式の体系（相互に連関する諸要素の集合体）としてみる立場。

二、文化を自然環境に対する適応の体系としてみる立場（技術・経済・生産に結びついた社会組織の諸要素が文化の中心領域）。

三、文化を一つの観念体系としてみる立場（「共有される観念の体系、概念や規則や意味の体系」、「知覚、信仰、評価、通達、行為に関する一連の規準」）。

四、文化を象徴体系としてみる立場（「象徴や意味の体系、カテゴリーや行動に関する規則」、「象徴的形態に表現され、歴史的に伝えられる意味のパターン」「象徴は物体、行為、出来事、性質、関係について、意味内容をあらわす媒介手段」「人間精神を生み出した象徴体系」）。

一から四へと移行するにしたがって、抽象的な概念へと発展しているのが見てとれる。それだけ文化を研究する立場が、複雑化しているのだ。

実は地理学が考える文化も、この人類学のとらえ方と共に発展してきた、といっていい。つまり本書の取りあげる妖怪文化も、私たち日本人の生活様式全般に関わってくるし、相互に連関する諸要素の集合体（ネットワークといってもいい）であり、自然環境への適応体系でもあり、観念体系でもあり、象徴体系でもあるわけだ。特に地理学が、文化を研究する際に忘れてはならないのは、人類は地表面を離れては生活でき得ないし、その適応の結果生まれた生活様式も、場所や環境ぬきには考えられない、という点である。それがたとえ音楽や文学、絵画や彫刻、映画やマンガであってもだ。

妖怪文化は、文学作品や絵画作品、現代ではマンガや映画で描かれることが多い。もちろん口頭伝承や、ネットロアーと呼ばれる、インターネットの怪談で語られたり、あるいは記述されることも多くなっている。これら物語や絵を追いかけていると、つい忘れがちになってしまうのが、文化人類学や地理学の基本的な思考方法である。もう一度いう。忘れてはならないのは、文化である以上、それは生活様式全般に関わっているという点、そして人と場所や環境の関係のなかから生まれたのだ、という点である。

それにしても、妖怪を文化としてとらえる視点が生まれたのは、カルチュラル・スタディーズの台頭のおかげでもある。なぜなら彼らは、芸術と呼ばれる文化だけでなく、文化全般を研究対象とすることを提唱したからである。古典文学や音楽こそが文化だ、と考えていた人たちからすれば、妖怪を描くような絵画や文学、マンガや映画など、研究の対象になるとは、夢にも思わなかったにちがいない。

二〇二〇年 七月

佐々木 高弘

目次

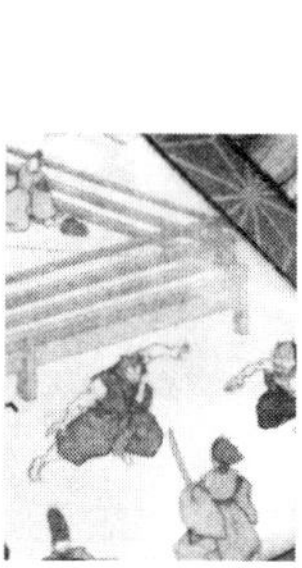

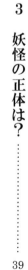

1 妖怪文化を地理学的に考える

（1）Thinking Geographically

これこれの文化を地理学的に考えてみる、とは具体的に、一体どのようなことを意味するのだろう。私なら、つぎのように解釈する。一つはその文化の空間的側面に注目する。そしてもう一つは、その側面を地理学の理論・方法論を使って説明する、と。

では、妖怪文化を地理学的に考えてみると、どうなるのか。当然のことながら、まずはその空間情報に焦点をあてることになろう。

たとえば、妖怪文化の最初期の史料として、『続《しょく》日《に》本《ほん》紀《ぎ》』宝亀八年（七七七）の記事をあげることができる。それは、

辛未。大祓。為宮中頻有妖怪也（1）。

というものだが、この記事、「三月十九日、宮中で頻りに妖怪が有ったので、大祓を行った」と読める。するとここで注目すべき空間情報は、「宮中」ということになる。

つまり記録上、最も早い妖怪と呼ばれる現象は、宮中という場所で起こっていたのである。であるなら妖怪という現象を、文化事象であると特定していうのであれば、「妖怪は宮中の文化」ということになる。その証拠に、妖怪なる現象が起こると、宮中では「大祓《おほはらへ》」でその対処にあたったとある。確かに大祓は宮中の文化である。そのあり方は、平安時代の律令の法典、『延喜式《えんぎしき》』に詳しい。その対処方法が宮中の文化であるならば、その対象となった妖怪も、宮中の文化といっていい、のでは…。

ところで、本書は古今書院のシリーズ「妖怪文化の民俗地理」の第四弾なのだが、このシリーズ名にある通り、世間一般でいうところの「妖怪」を、本シリーズでは一貫して文化としてとらえている。その理由は、第一弾『民話の地理学』の「シリーズ刊行　あとがき」で、つぎのように述べた。

ここでいう妖怪とは、いわゆる超自然の存在としてのそれではない。そもそも元の意味は「妖しい怪」、つまり魅惑的で神秘的な、そして気味が悪くて疑わしい出来事。それらが神話や伝説、昔話などの民間伝承や説話、絵画や小説、マンガや映画、アニメなどの様々なメディアでとらえられてきた。したがってこれら妖怪という現象は、それらが実際に存在しているというよりは、文化として存在している、という視点が必要となるわけだ。妖怪文化という名は、そこから来ている(2)。

したがって本書でも、この『続日本紀』という古代のメディアでとらえられた妖怪を、文化としてみる立場を、当面は保持したい。

さてつぎに、その妖怪の対処方法である大祓の祝詞《のりと》だが、その内容が地理学的に見て、まことに興味深いのだ。宮中あるいは都に、人間の犯した罪が蓄積されると、天界から流れ出る水流が、地上界の山を伝わり降り、さらに河川が都を清め、大海原へと流しだし、最終的には地下世界でそれら罪を浄化する(3)と、そこに様々な空間情報が散りばめられているからだ。

とはいえ、その祝詞の内容は、きわめて神話的である。つまりその空間情報は、きわめて空想的なのだ。神々のいる天界、そして私たち人間の住む地上界、そして死者の住む地下世界、とこのように垂直的な神話空間と見ることができるからである。この世界観は、多くの民族に共通する神話的世界観といってよいだろう。この点については、シリーズの第三弾『神話の風景』で詳しく述べた。

現実空間を研究対象とする地理学から見て興味深いのは、この空想的な世界が、現実空間において儀礼を通じて、実際に人々によって実践されていたという事実にある。

『延喜式』は、平安時代に編纂されているので、平安京の存在した京都盆地に則して地理的に考える必要がある。するとつぎのようになる。都に流れ込む河川は、主に貴船《きぶね》や愛宕山のある北山から流れてくる。そしてその流れは、平安京の堀川を通過し、あるいは鴨川も使って、都にたまった罪を流すことになる。さらにその水流は、桂川や宇治川を通って淀川へと合流し、大阪湾へと流れ出ることになる。このように、この祝詞にある神話的世界観は、京都とその周辺の、現実空間に寄り添いながら、人々の眼前で詠まれていたのである。

平安時代前期に勅撰された歴史書、『続日本後紀』や『日本文徳天皇実録』、『日本三代実録』においても、天候の異変や疫病の流行が起こると、それら現象が妖怪と認識されたがゆえに、大祓が建礼門や朱雀門、あるいは羅城門などで行われたことがわかっている(4)。これら場所は、まさに宮中、あるいは政治の中心地、そして都市の、いずれも南門という場所的特性を持っている。

まずはこれら妖怪文化の空間的側面に注目することで、地理学的に考える、という作業が始まるわけだ。

（2）地理学の理論・方法論を使う

さて、このような妖怪文化の資料を、どのような地理学の理論・方法論で分析すればよいのだろう。これまでの古代の史料で見たように、このような文化は、古代の権力の中枢にいる人たちの、空想と現実が絡み合った言説と実践ととらえることができる。地理学には、このような性質の資料に、意義を見いだす理論、あるいは方法論がいくつかある。

その一つは、人文主義地理学と呼ばれる、現象学の影響を受けた、客観的資料よりも主観的資料を重視する部門である。この分野では、「主体からみた空間」という視角に目が注がれ、

①主体によって経験された空間「生きられる空間」の呈示
②主体にとっての意味や価値を包含した「場所」の呈示
③過去および想像上の景観や場所の復元とそれに賦与された意味の解読
④①～③の成果を、アメニティー豊かな景観づくりに応用すること

が研究目的としてあげられる(5)。

ここで話題となる妖怪文化は、特に③の研究目的に適合する。

この古代の史料でいえば、平安京を都とする権力の主体が、『古事記』や『日本書紀』などの神話を土台に、権力の由来を天界に見立て、地上界を支配する根拠を語りつつ、現実世界で起こる様々な災厄を、現実空間において儀礼を実践しながら、地下世界へと祓い流す、そのような神話的言説と現実空間、

そして人々の行為実践とが混合した世界の復元研究、そしてその意味の解読、ということになる。

もう一つは、環境知覚研究といわれる行動科学や心理学の影響を受けた、私たちの地理的行動に環境や空間に対するイメージが大きく作用していると考える分野である。

そこでは、人々の環境に対する態度や行為は、土地の実際の性質よりも、彼らがどう環境を知覚しているかに依存していると考える。その知覚は、実際には文化の教えによって彩られることになる。「なぜある文化集団が、その自然環境において、そのようなことをしたのか」という問いに答えるのに、私たちは環境がどのようなものであったかだけでなく、文化の構成員が、それをどのように考えていたかを、知らねばならないのである(6)。

ここでいえば、平安京を造営した権力主体は、京都盆地という自然環境を、先の祝詞にある神話的世界観に見立てて、環境知覚していた、ということになる。

またこのような過去の素材には、歴史地理学が対応することにもなる。歴史地理学は、過去の人々の地理的行動から形成された過去の地理を復元するのを常とするが、その資料は、文献、考古、民俗と幅広い。また扱う時代も、対象を空間とするため、先史時代から歴史時代、あるいは現代までをも含む。

さらにイギリスの歴史地理学者であるヒュー・プリンスは、歴史地理学の研究領域を過去の、

①現実世界（real world）
②想像世界（imagined world）
③抽象世界（abstract world）

の三領域に分けた(7)。

つまり過去の現実世界の復元作業とともに、神話のような想像世界をも視野に入れ、そしてその背後にある人類に共通するような普遍的世界観、といった抽象世界にまで、探究の歩を進めようというわけだ。

これもまた、その他の分野には見られない、地理学の独自な特性なのである。このような歴史地理学の方法論を使うことによって、私たちにとっての神話の意味と、その重要性が解き明かされるかもしれない。このような視点から書かれたのが、シリーズ第三弾の『神話の風景』であった。

(3) 妖怪文化の地理的意味

さて先の古代の妖怪文化から、私たちの先祖が認識しイメージしていた、どのような古代の地理的空間が復元され、そしてその意味が解読されるのだろう。

まずは妖怪なる存在が、宮中にあると認識されている点を、念頭に置いて考えてみよう。そしてその存在は、最終的には宮中から祓われることになる。その祓われ方は、私たちが祝詞を唱え、それを天界の神々が聞き届けることから始まる。もちろんその前段階として、天皇家が天界から地上界へと降臨し、荒ぶる神々を平定統治し、都を建造した過程が語られる。このあたりは記紀神話を土台としている。ところが地上界では、私たちが犯した罪を由来とする、様々な災厄が生じるので、先に紹介した手順で、その罪や災いを地下世界へと、水流を利用して流しだし、消し去るわけだ。

その地下世界を「根《ね》の国底《くにそこ》の国《くに》」、と『延喜式』は呼んでいる。さらに『延喜式』は、その根の国底の国から、荒ぶる物たちが道を伝って、宮中を目指してやってくる世界をも描く。その物たちを停止させる儀礼を、彼らは「道饗祭《みちあえのまつり》[8]」と呼んだ。

これらの点から、彼らのつぎのような神話的世界観が浮かび上がってくる。それは、天皇家が天孫降臨したあと、もともと地上界にいた荒ぶる神たちは、地下世界である根の国底の国に追いやられたらしいこと。そして彼らは、いまだに執念深く、この地下世界から宮中を窺って、機会さえあれば復讐し舞い戻ろうとしている、と。

その道饗祭であるが、同じく平安時代に編纂された律令の解釈集『令義解《りょうのぎげ》』によると、その祭は都の四隅の道の上で行われ、荒ぶる神たちが都に侵入しないように、お迎えし「饗遏」する、つまり御馳走をして思い止まってもらう祭礼[9]、であった。そしてこの祭は、平安京のあった山城国の四カ所の国境においても行われた。

これまでのこれら古代の言説を総合すると、次のような空想と現実が織り混ざった、古代日本の地理的空間が復元されることになる。

それはまず第一に、天界・地上界・地下世界という、垂直三区分の人類に共通する神話的世界観。天界の神が人間の罪を水流で洗い流す神話は、世界中で「洪水神話」としてよく知られている[10]。

この普遍的な世界観が、宮中を中心に現実世界に投影されると、平安京の存在する山城国の実在の自然環境をも巻き込むことになる。具体的には北山から流れてくる河川と、大阪湾がその主な担い手となろう。それは大祓が描いた、人々の罪を祓い流す、河川のルートである。

ところが道饗祭が語るのは、その逆流ルートである。それは地下世界である根の国底の国から道を伝って、宮中へと侵入するルートである。今のところわかっているその侵入ルートは、山城国の四つの国境、そして都の四つの境である。これらは空想の世界ではない。現実に存在する。

歴史地理学の古代の交通路の復元研究によると、この四つの国境を山城四堺と呼び、東は逢坂堺、西は大枝堺、南は山崎堺、北は和邇堺を指すことが解明されている(11)。これら国境を越えると、すべての道は羅城門へと集結する。そして朱雀大路を北上して朱雀門へ、さらに建礼門へと向かえば、そこはもはや宮中である。ここではじめて、大祓がなぜ都の各地区の南門で行われていたのか、の疑問が解ける。

この神話的言説と現実空間、そして人々の行為実践が混淆した地理的空間とは、何を意味しているのだろう。神話は、私たちにとっては荒唐無稽な話だが、この権力の影響下にいる人たちにとっては、疑ってはならない真実であった。したがって神話には、人々の思考や行為を拘束する力がある。その神話的言説を、現実空間に寄り添わせることによって、この神話の所有者は、ある一定の広がりを持つ空間を支配しようとしていた、と考えていいだろう。

この天界・地上界・地下世界の、垂直三区分の世界は神話的であるが、これが現実世界へと寄り添い拡張する時、その垂直三区分世界は水平四方へと広がらざるを得ない。それが平安京の四隅であり、山城四堺なのである。さらに拡張すると天皇の領土とされる「畿内の四至」(北は近江の逢坂山、東は名張の横河、南は紀伊の兄山、西は明石の櫛淵)となる。

これらそれぞれの四つの場所には、すべて交通路が通過する。つまりこの水平四方への拡散は、この交通路が担っていた、ということになる。

ようするにこの交通路のネットワークが、これら神話の知と権力を現実空間へと、波及させていった張本人だったのである。

記紀神話や律令が、これら交通路を伝って、その及ぶ限りの場所まで頒布され、そして「風土記」(中央の権力者から命じられた、各国の土地の状況や産物、抵抗者の情報の報告)が、このネットワークを

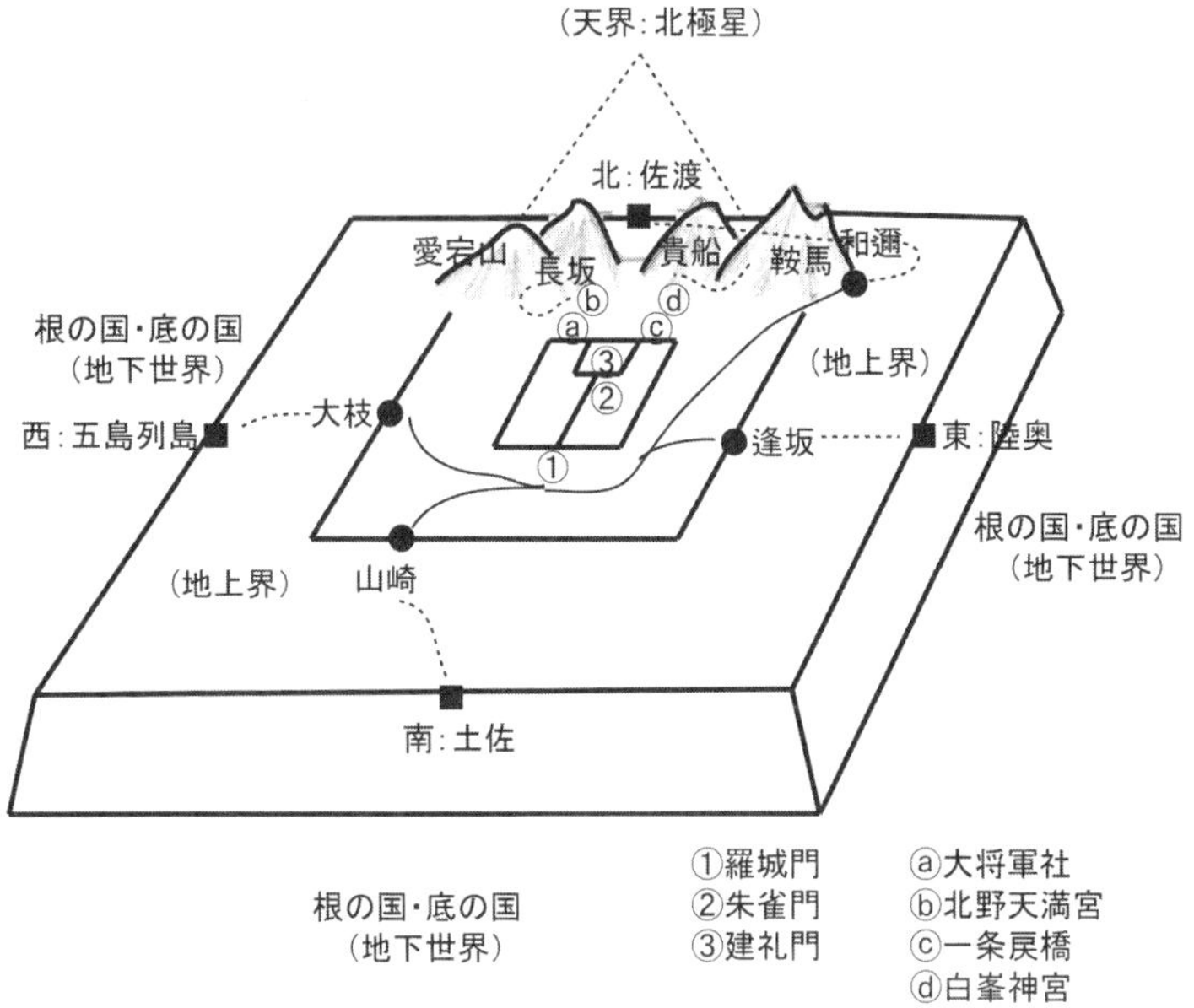

図1　大祓と道饗祭からみた平安京の神話的世界観
佐々木高弘『神話の風景』古今書院，2014，207頁より．

伝って各地から逆流した。それはまさに大祓のルートと、道饗祭の逆流ルートに呼応する。これらをシリーズ第三弾『神話の風景』においてモデル化したのが、図1である。

つまりこの古代の、神話と現実空間が混在する妖怪文化の意味は、権力者が日本を支配する過程と反復にあったのだ。

（4）関係性の空間

先に紹介した理論や方法論も、近年においては様々な批判や問題に直面している(12)。人文主義地理学は人間の主体を重要視したが、それがために人間中心主義に陥ったと批判されている。環境知覚研究は、アメリカの地理学の現場において、派閥間の争いに巻き込まれ、研究者がいなくなった。歴史地理学では、過去の現実世界の復元を行う研究者はいても、想像世界、抽象世界の研究を行う者は、ほとんどいない。

それでは、このような研究素材を、どのような地理学の理論や方法論で扱えばいいのだろう。近年浮上してきた一つの理論に、アクター・ネットワーク理論がある。その中心的人物であるブルーノ・ラトゥールは、ミシェル・フーコーの知と権力の議論を踏襲した。そしてその知と権力が、ネットワークに存在する様々なアクター（人だけでなく、物や資源や自然なども含む）を巻き込みながら、地理的空間を形成していると考えた。ジョナサン・マードックは、これまで伝統的な地理学が前提としてきた、安定して閉じられた「入れ物としての空間」が、これらアクター・ネットワーク理論の影響を受けて、常に流動的で生成し続ける、開かれた「関係性の空間」へと移行していると指摘する(13)。

確かに、このような視点から古代の権力空間と妖怪文化を関連づけて考えれば、古代日本の本来は流動的で開かれた、生成し続ける「関係性の空間」が浮かび上がってくるのかもしれない。そこで、ここまで扱ってきた古代の妖怪文化史料で、この「関係性の空間」を考えてみよう。

先に『延喜式』の大祓の祝詞が描く神話的世界が、平安京を中心とした現実空間で、人々の儀礼行為を通して実践される点を指摘した。それはまさに、権力者が創り出した祝詞という神話的「知」が、ネットワークを通じて、様々なアクターを巻き込みながら、人々によって実践されることによって生成した権力空間といえよう。つまり流動的で開かれた「関係性の空間」なのだ。

具体的に見てみよう。先にも述べたように平安京の水源地は、北の山にある。特に代表的なのは貴船《きぶね》となろう。貴船には神が祀られている。この貴船《きふね》神社には、雨が降らない時は、黒い馬が、雨が止まない時は、白い馬が朝廷から奉納されたと伝わる。このように朝廷からも崇敬された神の社であるが、と同時にこの社の奥には鬼の国があったとも想像されていた。それは室町時代の御伽草子『貴船の本地』に記されている。

大祓によると、私たちの犯した罪は、山から流れ落ちる水によって海へと流され、根の国底の国で消化される。これが平安京という現実空間に置き換えられると、一つは貴船から流れる川が想定されることになる。古地図を見ると確かに貴船からの水流は、平安京の一条戻橋の下（東堀川）に通じている。つまり水流というアクターのネットワークである。そこに人々の想像力が動員されれば、この平安京を窺う鬼の侵入口が、この場所に設定されることになる。一条戻橋に鬼が出没する、とする想像世界が、このネットワーク効果によって人々の言説に浮上し、怪異空間が生成されることになる。『平家物語』の鬼女と渡辺綱《わたなべのつな》の対決は、こうやって生まれた。

地理的に見ると、さらにこのネットワーク上の様々なアクターが、妖怪文化を増殖していく。この流れは、大祓によると大阪湾にまで続く。その通過点の一つが伏見である。実際に平安時代の貴族たちは、熊野詣でこのルートを使用した。伏見稲荷は、そのネットワーク上の重要なアクターでもあった。その流れは伏見を出ると、今は無き巨椋池《おぐらいけ》に流入した。その池に宇治川も流入したが、その池の渕にやはり重要な橋があった。宇治橋である。そしてここにも、貴船で鬼女に変身した妖怪が出没した。宇治の橋姫である。一条戻橋と同様に、ここでも渡辺綱が関係する。

この渡辺綱は、源頼光の四天王のひとりとして知られているが、その実情は渡辺党という武士団を指すようだ。彼らは渡辺の津という場所に拠点をおいたという。その場所は、この一連の水流が淀川へと合流し、大阪湾に出る、まさにその出口付近にある。彼ら武士団には、この大祓で流された罪が、大阪湾に出たことを確認する役割があったとされる。この渡辺の津は、江戸時代には八軒屋と呼ばれ、京都と大阪を結ぶターミナル駅の役割を演じた。また平安時代の貴族たちも、この渡辺の津で舟を下り、ここから熊野詣でに出発した。大阪の古地図は、この八軒屋から南へ出る街道を「オハライスジ」と記している。大祓と関連したとする、地名が保持する場所の記憶である(14)。

現在の京都の祇園祭は、平安時代には御霊会《ごりょうえ》と呼ばれていたが、正暦五年(九九四)六月二十七日の『日本紀略』の記事をみると、この年の御霊会は疫病を流すために開催されており、その際、木工寮・修理職が造った御輿二基を、北野の船岡山上に安置し、僧侶が「仁王教」を講説し、その後に御輿を難波の海に送り出した、とある(15)。この地理的空間を見れば、祇園祭が大祓を模していることがわかるだろう。そして大阪の天神祭が、このネットワーク上にあることから、やはり一連の祭でもあることが。

このように「関係性の空間」という概念を使うことによって、それぞれ個別に存在すると考えられていた、貴船、一条戻橋、宇治橋、八軒屋、渡辺党、祇園祭、天神祭あるいは京都と大阪といった「閉じられた空間」が、開放された瞬間であった。それは妖怪文化を地理学的に考えることによって誘引された、ネットワーク上で関連し合う様々なアクターの発見、ともいえよう。

(5)古代の交通ネットワークと妖怪文化の関係

上記のアクター・ネットワーク理論から生まれた「関係性の空間」を、京都や大阪だけでなく、日本の全土へと拡張することが、妖怪文化の空間的要素に注目することで、実現できないだろうか。

歴史地理学が、古代日本の交通路を復元した成果がここにある(図2)。そこに『延喜式』の「陰陽寮」の儺《おにやらい》、つまり妖怪を追い払う祭礼の項に、穢れた悪鬼や疫鬼が住む場所として示された「東方陸

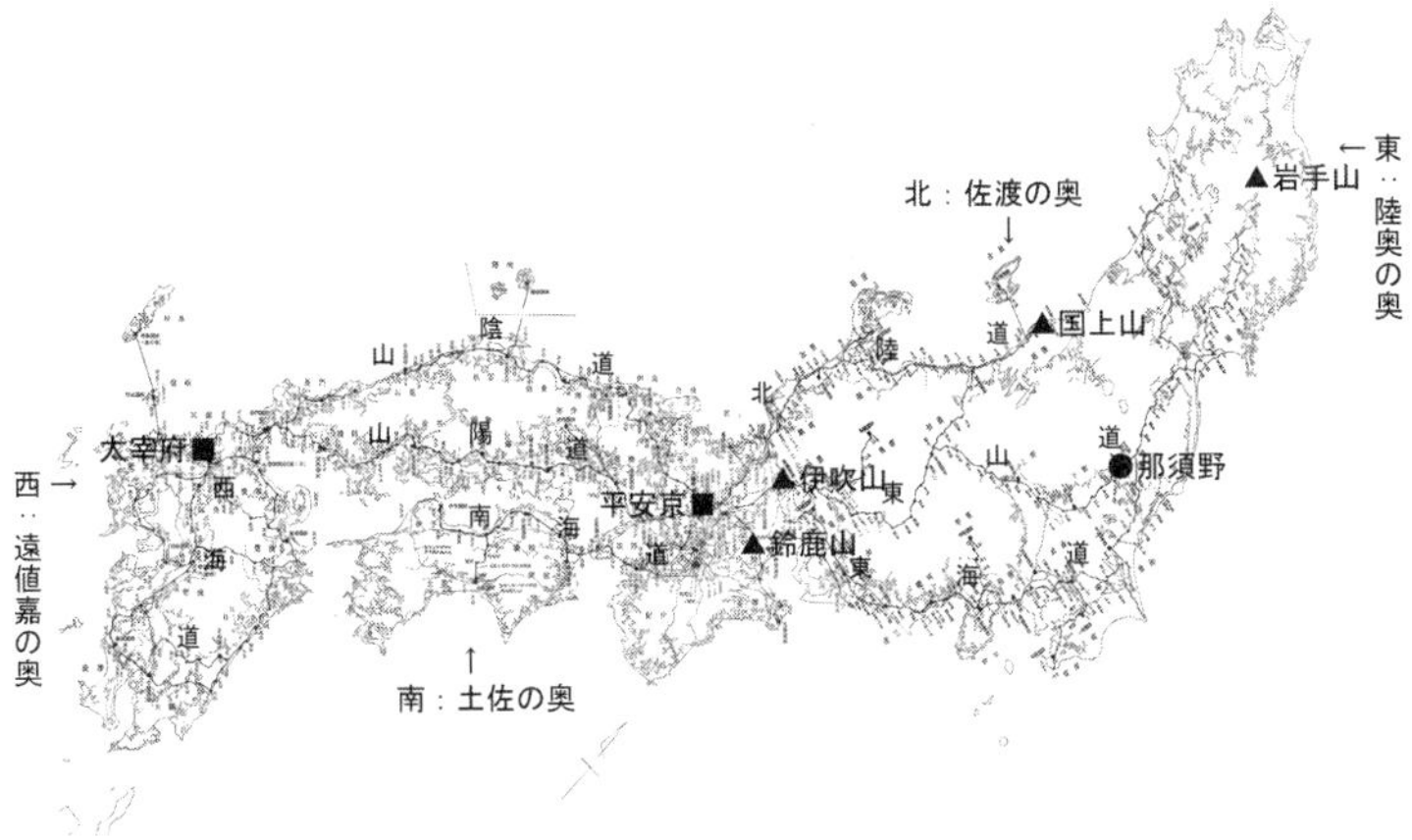

図2　古代の交通路ネットワークと想定される四方の「根の国・底の国」，妖怪の出没地
藤岡謙二郎編『古代日本の交通路Ⅳ』大明堂，1979，の別葉図（その1，その2）に筆者加筆．

奥。西方遠値嘉《とおつちか》。南方土佐。北方佐渡（16）」を加えたのが図2である。これは大祓のいう根の国底の国を具現化した言説、と見ることができるだろう。つまり私たちの罪は、平安京からこの日本列島の四隅と想定された場所に流され、そして平安京を目指して逆流したのである。やはり水平の拡張は、ここでも四方となるわけだ。

　そしてそれは『古事記』や『日本書紀』、あるいは律令の知が、この交通路を伝って全国に頒布され、人々のその知の実践成果が「風土記」の情報によって逆流したことをも同時に想起させる。ミシェル・フーコーのいうように、知の流通と権力の行使は、人々の行為実践をともなってはじめて実現される。ミシェル・フーコーはそれを建築空間でしか示さなかったが、アクター・ネットワーク理論を利用することで、より広大な地理的空間にまで応用することが可能となる。

　さらにこの図に、岩手山と国上山《くがみやま》を入れることで、妖怪文化の空間的側面が、具体的なネットワーク上で意味を持つことになる。岩手山は、大嶽丸《おおたけまる》という妖怪が出現したとされる（『田村の草子』）(17)。そしてこの妖怪は鈴鹿山にもその拠点を置いていたとされるが、これら場所は、後者が古代の三関《さんげん》のあった鈴鹿峠、そして前者が蝦夷討伐のために、坂上田村麻呂が八〇三年に築いた志波城《しわじょう》の、それぞれ近隣に位置する。志波城はまさに、古代の交通路の東の果てに位置している。そしてその奥には根の国底の国が想定されている。これらは古代律令国家の権力がネットワーク上で顕在化する場所である。

国上山は、あの酒呑童子が誕生したとされる伝承が伝わる場所である(18)。その位置をみると、古代の北陸道の最終到達点にあることがわかる。ここで道は海路へと移り、その先に佐渡島がある。佐渡の沖には根の国底の国が想定されている。岩手山と同じく、鬼が都へ逆流するための、上陸地点といってもいいだろう。

さらに酒呑童子には、もう一つ興味深い地理的言説がある。その生誕地を伊吹山とする言説である（『伊吹山酒呑童子』）(19)。伊吹山は、古代の三関の不破関《ふわのせき》に近い。そして近江国と美濃国の国境に位置する。これら古代の関所は、現実的な抵抗者を止めると同時に、想像的世界の妖怪を停止させるための場所をも兼ねていたのであろう。

同じ地理的思考でいえば、古代の白河関の近くには那須野がある。ここにも、玉藻前《たまものまえ》と呼ばれた妖怪が出没した（『玉藻前物語』）(20)。これら妖怪たちは退治された後、都にもたらされ天皇に叡覧された。そしてうつぼ船に乗せられ、やはり難波の海へと流された。そしてあの宇治の平等院の宝蔵へ納められたという。

なぜ宇治の平等院なのだろう。それは宇治橋が、やはり目の前にあるからである。『日本後紀』や『続日本後紀』によると、古代の三関が廃止された後、有事の際に宇治橋の警備が強化される。ここも古代の知と権力が、ネットワーク上で浮上する場所であったのだ。

そう考えると、太宰府に流された菅原道真が怨霊とされ都へ逆流するのも、このネットワーク上にあったがゆえではなかったか。

（6）反復されるネットワーク上の妖怪文化

さて、前節で紹介した妖怪文化は、そのほとんどが室町時代の物語群であることに気づかされる。つまり古代に形成されたネットワークが、中世においても反復し、新しい妖怪文化空間を生成していたのである。また権力主体だけでなく、当該地域に住む人々の伝承にも、これら妖怪文化を見いだすことができる。国上山の伝承は、地域の伝説となって息づいている。

このように古代の言説空間が、中世の京都の貴族たちに継承され、当該地域の人々にも引き継がれたことが、関係性の空間、あるいは空間の再生成という新しい概念で考えた時、確かに人文主義地理学のいう、彼ら語り手たちの「主体から見た空間」が危うい存在となってくる。なぜなら、これら場所の選定が、彼らの主観にもとづくものであったのかが、疑わしくなってくるからである。むしろ古代からの祝詞という言説空間、記紀神話、大祓の儀礼、関連する神社や寺院などの宗教的な建造物、交通ネットワーク、河川や山、修験者などの様々なアクターの混淆が、これら妖怪文化の空間的側面を担っていたのではないか。彼らは、この虚構と現実の混淆したネットワークに、語らされていただけなのかもしれない。

アクター・ネットワーク理論と同様に、非表象理論（non-representational theory）なる考え方も地理学では芽生えはじめている。この理論を提唱したナイジェル・スリフトは、これらのネットワークが構築される「何らかの流れ」、それは主観でもなく、あるモノに触れながら、皮膚の感覚を通じて作られていくような「何らかの流れ」、それら関係性の奥底に流れ続けている、あらゆる種類のモノ、様々な生命体、景観の影響力をも包含している「何らかの流れ」、を捉えようとする。そして私たちの主観が理解する前に機能する、人類の個を越えた側面の研究が必要だと主張する。このネットワークにおける、この超個人的な動作と調整を理解するには、事象と物質性を再び、それ自身の感受性にしたがって思考することを意味し、人類の心に共有されている、意図されざる知性によって構築された世界を思考する必要がある、と(21)。

いずれにしても、結果としてのこれら妖怪文化の空間的配置は、社会の流動的な状況で、権力の安定性を競う、闘争の痕跡としてみることができよう。このようなネットワーク上の「関係性の空間」という観点で、一番最初に紹介した最初期の妖怪文化史料「大祓、為宮中頻有妖怪也」を、地理学的思考で見つめ直してみる価値はあるにちがいない。

そしてそこから、日本各地の妖怪文化を訪ねる、巡礼の旅がはじまるのである。

注

(1)『続日本紀　後篇』(新訂増補国史大系)、吉川弘文館、一九八五、四三三頁。
(2)佐々木高弘『シリーズ妖怪文化の民俗地理1　民話の地理学』古今書院、二〇一四、二四六頁。
(3)虎尾俊哉編『延喜式　上』集英社、二〇〇〇、四七七~四八一頁。
(4)佐々木高弘『生命としての景観―かれはなぜここで妖怪を見たのか』せりか書房、二〇一九、一二二~一二四頁。

(5) 山野正彦「人文主義地理学」『最近の地理学』大明堂、一九八五、二四〇頁。
(6) Jordan, T.G. Domosh, M. and Rowntree, L. *The Human Mosaic ; A Thematic Introduction to Cultural Geography*, Longman,1997, pp.3-35.
(7) Prince, H.C, Real, imagined and abstract worlds of the past, *Progress in Geography* 3, 1971, p.1-86.
(8) 前掲注(3)、四八五頁。
(9)『令義解』(新訂増補国史大系)吉川弘文館、一九八三、七七頁。
(10) 佐々木高弘『シリーズ妖怪文化の民俗地理3　神話の風景』古今書院、二〇一四、一二六～一八一頁。
(11) 足利健亮編『京都歴史アトラス』中央公論社、一九九四、二八頁。
(12) Hubbard, P. Kitchin,R. Bartley, B and Fuller, D. *Thinking Geographically: Space, Theory and Contemporary Human Geography*, Continuum, 2002(山本正三・菅野峰明訳『現代人文地理学の理論と実践—世界を読み解く地理学的思考』明石書店、二〇一八)。
(13) Jonathan Murdoch, *Post-structuralist geography: a guide to relational space*, Sage., 2006.
(14) 前掲注(4)、二七〇頁。
(15)『日本紀略』(新訂増補国史大系第十一巻)吉川弘文館、一九二九、一七八頁。
(16) 虎尾俊哉編『延喜式　中』集英社、二〇〇七、三七七～三七九頁。
(17) 横山重・松本隆信編『室町時代物語大成　第九』角川書店、一九七八、八〇～一〇九頁。
(18) 野村純一編『日本伝説大系　第3巻』みずうみ書房、一九八二、九五～一〇一頁。
(19) 松本隆信編『室町時代物語大成　補遺一』角川書店、一九八七、二五四～二六八頁。
(20) 松本隆信編『室町時代物語大成　補遺二』角川書店、一九八八、一五一～一六二頁。
(21) Thrift, N. *Non-Representational Theory: Space/ politics/ affect*, Routledge, 2008, vii-viii.

2 神話が支える京都の魔界

（1）平安京の鬼門を守る猿

さて、その巡礼の旅は、やはり京都から始めるのがよかろう。

前章で述べたように、京都の魔界、つまり平安京の魔界を支えているのは、神話の世界観である。そもそもは、平安時代よりも、はるかに古い層に位置づけられるであろう、日本人の神話的世界観。その世界観を引き継いだのが、古代の律令制に散見される祝詞群であろう。その祝詞群が、都を守るための律令に挿入されている。そしてそれらが、現在の京都の魔界を創り出したことにもなる。その具体的な姿を、まずは目に見える形で、現在の景観に求めてみよう。

前章で妖怪が宮中文化であると認定したからには、まずこの旅をはじめるのに、京都御所から出発するのがふさわしいだろう。なぜならそこにこそ、その痕跡が目に見える形で、存在しているはずなのだから。

ところで、私たち地理学者は、このような旅をはじめるにあたって、第一に地形図を携帯するのを常としている。図1は現在の京都御所周辺の地形図である。細かくて見えづらいかもしれないが、よく見て欲しい。京都御所の北東の角が欠けているのが…。

この現実に存在する文化景観を、どうやって説明するのか。それは虚構である神話的世界観に頼るほかあるまい。いわゆる鬼門、と呼ばれる虚構に。

鬼門とは、『日本民俗大辞典』によると、方位に関する俗信で、日本では位置選定に際する最も悪い北東の方角を指す。

この俗信は、もともとは中国の神話から来ているようだ。『山海経《せんがいきょう》』によると「東海中に度朔山という山があって、頂に広さ三千里にわたって枝を張る桃の巨木がある、その枝は四面に垂れ下がり、北東方だけが開いていて門のようになっているため、鬼どもが出入りする、ゆえに名づけて鬼門という」と(1)。

日本では、陰陽道の普及で「百鬼の出入りする方角として」認識されるようになったらしい。平安時代の事例として有名なのが、延暦七年（七八八）に都城の鬼門鎮護として建立された、比叡山延暦寺である(2)。

つまり桓武天皇は、平安京を造営するにあたって、この中国の神話を重視し、北東という方角を意識していたことになる。そして、

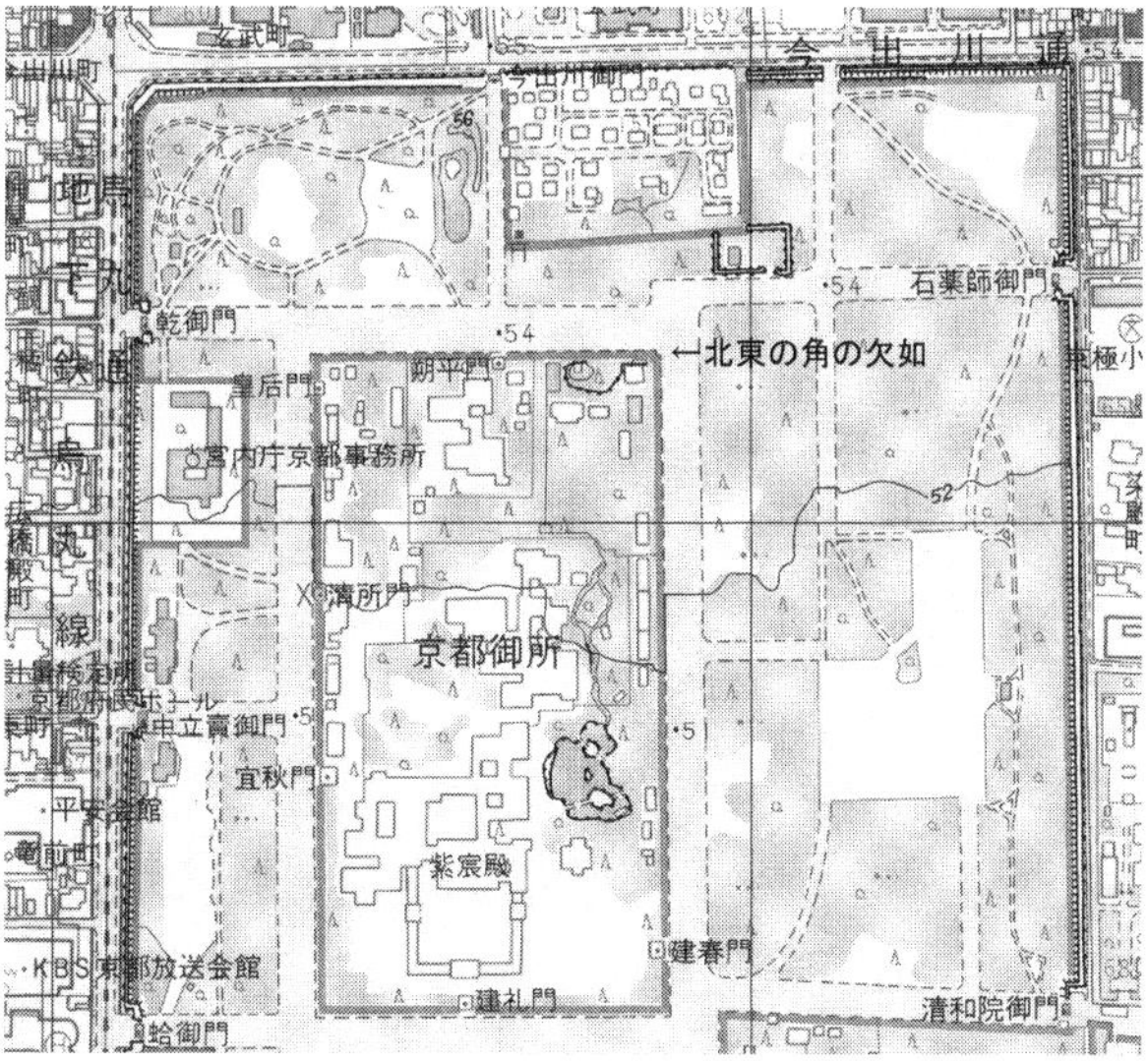

図1　1万分の1地形図「京都御所」（国土地理院）にみる御所の北東の角の欠如

この鬼門から入ってくるとされる鬼どもを封じるのに、ちょうど平安京から見て北東に位置する最も高い山、比叡山を、守護の拠点として見立て、そこに延暦寺を建立した、ということになる。

この行為を、俗に鬼門封じと呼んでいる。その方法は幾多あるが、その一つに建物の北東の角を切る、という方法がある。ようするに建物の角が、鬼門には当たっていない、そうごまかしているわけだ。この図1は、京都御所の北東の角の、壁が削られている部分を、指し示している。

図2は、その具体的な姿形である。この鬼門封じは、それだけではない。この削られた築地塀《ついじべい》の東の屋根の下に、なぜか幣帛《へいはく》を持つ烏帽子を被った猿の彫刻が、設置されているのだ（図3）。

どうして猿なのか、ということになると、また幾種類かの神話を語らねばなるまい。

一つは陰陽五行説だ。この説では、方位や時を十干十二支で表記する。方位でいうと北東は、北から子・丑・寅…の丑寅（艮）となる。これを鬼門と呼び習わしているわけだが、その方位に対抗するのが、裏鬼門といわれる正反対の南西に

図 **2**　京都御所の削られた北東の角
佐々木撮影.

位置する未申（坤）となる。猿を置くのは、ここから来ている。つまり対立させているわけだ。

さらに五行でいうと、寅は火のはじまりなので、水のはじまりである申を置くと、その効力を消火できるとも考えた。陰陽でいえば、北東の陰を、南西の陽で照し、消滅させるという解釈も成り立つ。

もう一つの神話的世界は、こうである。

比叡山と呼ばれている、平安京の北東に位置する山には、その都造営より、ずっと古くから別の信仰が存在した。その痕跡を日吉大社という。

彼らはその創建を、崇神天皇七年と伝えている。三世紀から五世紀の古墳時代である。この日吉大社の分霊社は全国に三八〇〇余りあり、日吉神社、日枝神社、あるいは山王神社と称している。

この山王とは日吉の神様の別名で、平安時代以降は、天台宗・比叡山延暦寺の守護神としての性格を有し、山王信仰として知られている。やはり方除け、厄除けの御利益を持ち、「神猿」を祀っている。

実際に現在も日吉大社で飼育されている「神猿」は、天皇が病に罹ると、神猿も同じ病に罹るといい伝えられている。この「神猿」は「まさる」と発音され、「勝・魔去る」という同音に意味を重ね、縁起がいいとされる。この京都御所築地塀の猿は、日吉の「神猿＝魔が去る」だと考えられている。これがもう一つの神話である。

図 3　削られた築地塀の屋根の下に設置された御幣を持つ猿の像
佐々木撮影.

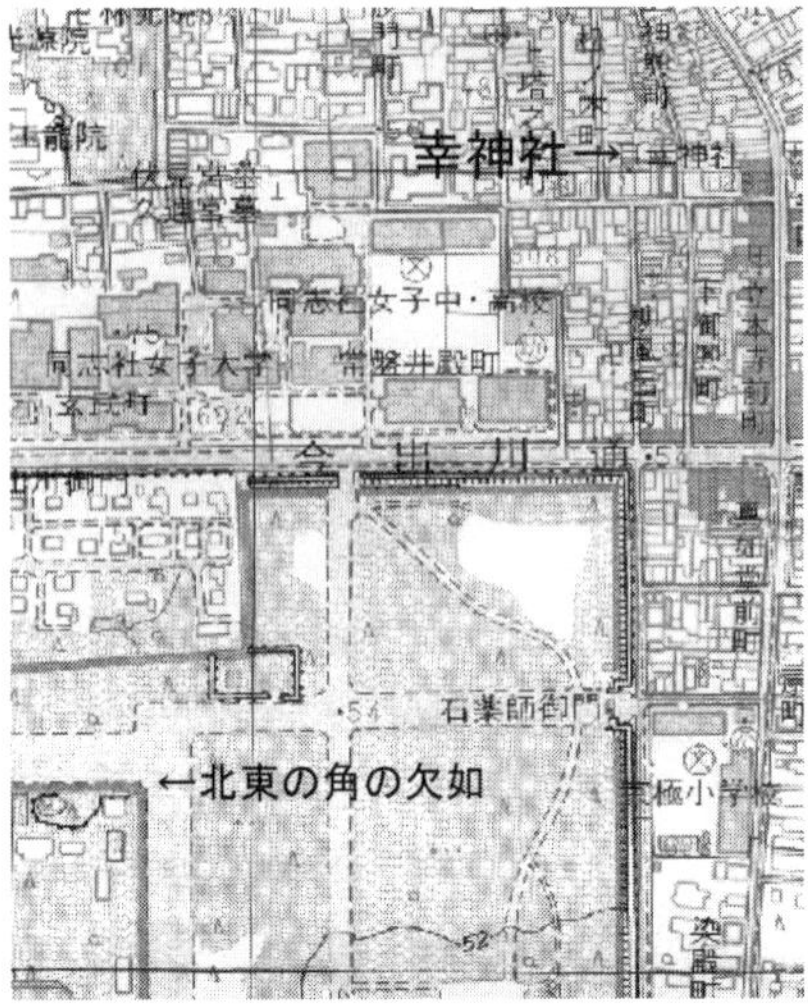

図 4　御所の北東にある幸神社
京都御所 1 万分の 1 地形図.

図 5　幸神社の猿神
佐々木撮影.

ところが京都御所を守る猿は、この一匹だけでない。この場所からさらに北東へ数百メートルいくと幸神社がある（図４）。幸神社と書いて「さいのかみのやしろ」と読む。

社伝によると、この社も平安遷都の際に桓武天皇によって都の鬼門を守るために建立された。平安時代は出雲へ行く道の賀茂川近くにあったため、「出雲路道祖神」と称され、疫病や悪霊を防ぐ神として信仰されていた。

江戸時代初期に現在の場所に移動し、道祖神は「塞神《さえのかみ》」とも呼ばれることから、転じて「幸神」となった。主祭神は猿田彦命。この社の北東の壁にも、御所とよく似た猿がいる（図５）。

さらにこの社から北東に向かうと赤山禅院《せきざんぜんいん》という、中国の道教の祖、泰山府君《たいざんふくん》を祀る鬼門封じの寺がある。比叡山延暦寺の別院で、慈覚大師円仁（七九四～八六四）の遺命によってその死後、仁和四年（八八八）に創建されたと伝わる。泰山府君は人の寿命と運命を司るといわれ、したがって魔除けに効力があると信じられたのだろう。

　空間的には、平安京の鬼門に鎮座することによって、鬼たちからの守り神となった。この赤山禅院の拝殿の屋根の上にも、この神猿の像が設置されている[3]。

　さらにその北東には比叡山延暦寺があり、さらに日吉大社がある。このように現在の京都にも、平安京を魔界から守るための、目に見える文化景観が連続しているのである。

　図6は、それらを地図化したものだが、おおむね御所から北東に向かって、これら鬼門封じとされる施設が、一直線に並んでいるのがわかる。平安京造営当時の御所は、もう少し西にあったのと、幸神社がもう少し東にあったので、本来の位置関係は若干、変わるだろう。

図6　御所から北東に並ぶ鬼門封じ
左下の①は御所，②は幸神社.

（2）鬼の国、貴船

じつはこれら都の守護神、一筋縄には行かないことが多い。その典型である。

平安京の水源地の一つとして知られる貴船《きふね》神社は、平安時代には朝廷が雨乞いをする場所でもあった。

貴船神社には、水の神であるタカオカミが祀られている。平安時代には朝廷が雨乞いをする場所でもあった。ところがこの神は、平安京が造営される前から鎮座していたとされる地主神なのである。ということは、大和国からやってきた天皇家に、この土地を奪われ、追放された人たちの神であった、と解釈できる。それは先に紹介した日吉の神も同じである。日吉の神が、比叡山の守護神の役割を担ったのと同様に、貴船《きぶね》の神は、鞍馬寺のそれを演じさせられた。

先住民の神々は制圧され、新しい主のために使役されることになる。人々に共有されたその記憶は、いずれは荒ぶる性質を露呈することとなろう、と考えられていたのだろうか、貴船には鬼の伝承が多い。そのいくつかを紹介しよう。

室町時代の御伽草紙『貴船の本地』に、おおよそつぎのような話がある(4)。

寛平法皇の時代（宇多天皇・八八七〜八九七年）に二条の中将定平という人がいた。女房をさがしていたが、なかなか目に叶う女性が見つからなかった。なんと三年間に五六〇人もの妻を迎え離縁したのであった。ちょうどその頃、評判の絵師が描いた女性の絵を見た定平は、その絵の女に恋をしてしまう。恋の病にかかってしまった定平は、その絵の持ち主に描かれた女性を教えて欲しいと頼み込む。すると絵の持ち主は、つぎのように語り出した。鞍馬の僧正ヶ谷の奥に大きな池があり、この池の後ろ艮（北東）の辺りに大きな岩屋があり、その奥へ三十里ばかり行くと鬼国という国がある。絵の女性はそこの王の娘なのだと。そこで定平は、多くの寺社に参詣してその国へ行けるように祈った。最後に鞍馬で二十一日間祈ったところ、毘沙門天が夢に現れ、鬼は背丈が十六丈、顔は八つ、角は十六、眉は剣のようだ。声は百千の雷の如く恐ろしいが、それでも良いのか、と尋ねられる。定平はそれでもかまわない、と返事をする。すると今その女は鞍馬に参詣しているのだという。やっと絵の女性に会えた定平は、女に従って鬼の国を訪問する。するとそこは、大きな河が流れていて立派な橋が架かっている。なかには、まるで天皇の御所のように黄金の門や築地が打ち並んでいる。女の御所に入るとまもなく鬼神がやってきて、王が呼んでいるという。女は人が小さくなる杖で定平を二、三寸にし、お守りの袋の中に入れて王の前へ出た。王は酒を飲んでいるが、酒の肴は人間で、まな板の上にのせられている。見ると母方の従兄弟だった。声をあげて母の名を呼んでいるのを聞くと、いたたまれなかった。鬼王は言った。お前は日本から男を連れてきただろう。すぐに男を出せ、さもないとお前を食うぞ。なんとかその場をやり過ごして、女の御所に帰った二人は来世で夫婦になる約束をする。がしかし鬼の方がはるかに寿命が長く、人間の一生とでは年月がまるで違う。そこで鬼の女性の方が、父に殺されることとし、定平が都に帰り女性の供養をして暮らすことになった。その結果定平は、後に生まれ変わったこの女性と、めでたく夫婦となるのであった。その後、鬼の姫は人間の姿のまま神となって貴船明神に、定平は各人神になった。

今を生きる私たちからすれば、たいそうな話だが、おそらくこれまでの文脈で最も重要なのは、最後の部分であろう。それは鬼の姫が貴船の神となり、夫である朝廷側の人間が客人神（外部から来て、その土地の新しい神となった、まろうどがみ）となった箇所である。つまり貴船が先住民の神で鬼とされ、新しい征服者である朝廷側の男が、新しい神となった、と解釈できるからである。

神話学では、このようなストーリーを神婚神話と呼ぶ。神婚神話とは、神と人との婚姻をいう。ここでは、先住民の神と新しく侵入した人間との婚姻である。夢のない話でいうと、旧勢力と新勢力の同盟関係を指し示す。記紀神話で思い出すのは、天孫降臨の場面であった、国神である大物主命と、天神の娘、美保津姫の神婚である。国神は先住民、天神は後発の征服者である。

図7は鬼の宮殿内で、定平の従兄弟がまな板にのせられて、まさに料理されんとする場面である。その場所は、鞍馬の僧正ヶ谷の北東、つまり鬼門の方角の奥と特定されている。

貴船神社との位置関係を見てみよう。図8は元禄十四年（一七〇一）の古地図である。貴船神社、そして鞍馬寺、その中間に描かれる僧正ヶ谷（僧正谷）、その奥、鬼門の方角に鬼の国があった、と想像され

図7　『貴船の本地』に描かれた鬼の宮殿
『京都大学蔵むろまちものがたり 9』臨川書店，2003より．

たのである。現在でも、これらの地を訪問することはできる。

ところで、この話には後日談がある。人間界で夫婦となり幸せとなった二人を、鬼王は食い殺そうとやって来る。ところが鞍馬の毘沙門天が、鬼を追い払う節分の豆まきを教えたため、二人は助かったのだった。先住民の神を鬼と喩え、新参者の神である鞍馬の毘沙門天が、その封じ方を教える。それが今でも日本人の多くが行う、節分の豆まきなのであった。

大正の頃までの、京都の伝承を集めた『京都民俗志』に、つぎのような興味深い話がある(5)。

図 **8**　「元禄十四年実測大絵図（後補書題）**1701** 年」に描かれた貴船・鞍馬・僧正谷

都の北に鬼が跳梁して困っていたところ、鬼同志の対話をひそかにもれ聞いた人があって、鬼は貴船の奥の谷に住み、地道を通って深泥池畔に出て、そこから這いだして世間へ現れることがわかった。そこで鬼のもっとも厭う豆をその穴へたくさん投げてふさいだら、以後鬼も出なくなったと伝えられている。それから京洛では、毎年節分には炒り豆を枡へ入れたり紙に包んだりして、同所へ捨てに行くこととなり、豆塚と呼んだ。この風習は近ごろまったくすたれた。その鬼を鎮めるために祭ったのは、同所の貴船神社であるとも、貴船の奥院であるともいう。

どうも貴船の鬼王は、この夫婦を追って深泥池《みどろがいけ》から出没したらしい。地道（地下道）を通ったとあるが、現実的にいえば、それは地下水脈であったろう。貴船の鬼は、水を伝って都にやってきたようだ。今でも貴船神社にはこう記している、「水は恐ろし」と。

現在、私たちはもうこの豆塚の場所の記憶を失っている。しかし寛保元年（一七四一）の「増補再板京大絵図乾」（図9）には、深泥池（みそろ池）の南東に豆塚（マメヅカ）が描かれている。

まだまだ貴船には、鬼にまつわる伝説が残っている。

たとえば、貴船の社家を代々つとめた舌氏は、自ら牛鬼《うしおに》の子孫と称した。牛鬼という各地に残る妖怪の伝承が、雨乞いに際して牛を供儀とした古層の儀礼と関連している、との説(6)が正しいのであれば、貴船が雨乞いの地であっただけに、合点がいく。

しかし貴船神社で忘れてはならないのが、謡曲の「鉄輪《かなわ》」(7)であろう。つぎのような話である。

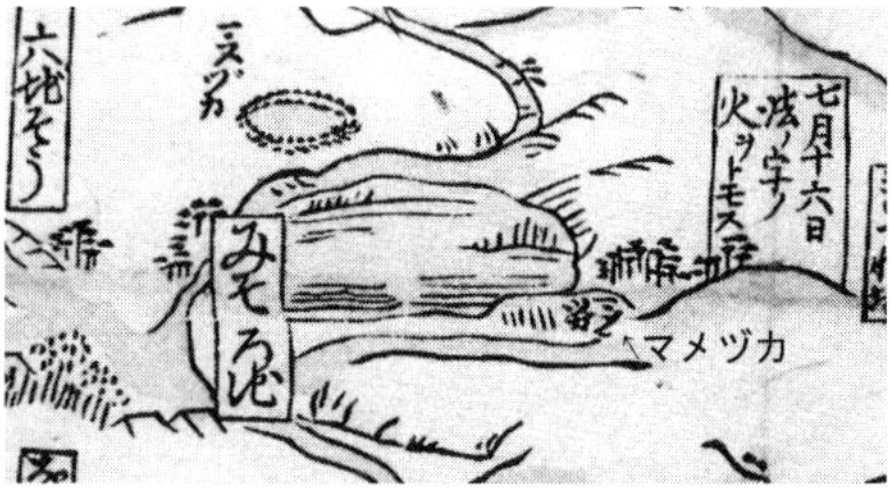

図9　寛保元年（1741）「増補再板京大絵図乾」に描かれた深泥池と豆塚

下京の女が、夫が自分を棄てて後妻を迎えたのを恨み、貴船の社に丑の刻詣りにゆく。すると「鉄輪の三つの足に松明をともし頭に戴き、顔は丹を塗り、身には赤い衣を着、怒れる心を持てば、たちまち鬼神となるであろう」とお告げがあった。その頃、夫の方は毎夜悪夢を見るので、安倍晴明に占ってもらう。すると前妻の恨みで、今夜の内にも命が危ないと教えられる。男は驚いて晴明に調伏の祈祷をしてもらう。すると前妻が鬼女となって現れ、恨みの数々を述べ、夫を連れて行こうとしたが、三十番神に追い立てられて力無く退散する。

これに類する話は、『平家物語』「剣の巻」[8]にもある。

源満仲の嫡子である源頼光の時代に、都から多くの人がかき消すようにいなくなった。詳しく調べてみると、嵯峨天皇の時代に、嫉妬深い女があって、貴船の明神に「鬼となって、妬ましく思う者に取り憑いて殺してやりたい」と願った。その霊験は著しく、女は都に戻り、長い髪を五つに分けてよじり、松ヤニでかためて五つの角をつくり、顔と身体を赤くぬり、頭に鉄輪をいただき、その鉄輪の三つの足に松明を結びつけ、火を燃やし、夜中に大和大路を南へ行き、宇治の川瀬に二十一日つかれば、逢うものは肝を消し、女はそのまま鬼となった。これが「宇治の橋姫」（図10）だ。

このように、貴船から宇治へと、やはり水流を伝って、鬼は南下する。

図10　鳥山石燕『今昔画図続百鬼』に描かれた宇治の橋姫
高田衛監修『鳥山石燕　画図百鬼夜行』国書刊行会，1992，116頁より．

（3）意識と無意識の接点

貴船は平安京の住人にとって、まことに重要な命の源であったが、と同時に恐ろしくもあった。貴船の水流は賀茂川へと合流するが、平安京はその流れを東堀川を通じて都へと取り込んだ。その取り込み口に架かる橋を、都人たちは一条戻橋と呼んだ。ここにも数多くの恐ろしい物語が残っている。

源頼光の家来に渡辺綱という者がいた。頼光の使いで一条大宮へと行くことになったが、夜も遅かったので、馬に乗り鬚切という源氏の宝刀を持って行った。すると一条堀川の戻橋で二十歳くらいの美しい女が一人で歩いている。女は綱を見て「夜もおそくて恐ろしいのでお送りいただけますでしょうか」とすがるように言った。そこで綱は女を馬に乗せてやった。女は「私の家は都の外ですが、送ってくれますでしょうか」と。綱は「お送りしましょう」と答えると、女は突如、鬼へと姿を変え、「わが行く所は愛宕山ぞ」と言うやいなや、綱のもとどりをつかんで西北に向かって飛翔し始める。それでも綱は少しも動じず、宝刀鬚切を抜き鬼の手を切った。と綱は、そのまま北野天満宮の回廊に落ちた。まだもとどりをつかんだままの切断されたその手をみると、女の手ではなく、色が黒く、毛がごわごわと渦巻いた鬼の手だった。

この話も『平家物語』の「剣の巻」にある(9)。綱はその後、この手を安倍晴明に占ってもらい、七日間の物忌みをすることになる。がしかし伯母に化けた鬼がこの手を取り戻しに来るのだった。これと似た話が謡曲「羅城門」にもある。

さて、この一条戻橋はどこにあるのか。図11は平安京の復元図に一条戻橋を見たものだが、ここでもその位置は内裏の鬼門（北東）にあたってる。

この一条戻橋にも、数多くの伝承が集中する。『都名所図会』によると、安倍晴明がこの橋の下に十二神将を鎮めていたとある(10)。十二神将とは式神のことで、陰陽師があやつる小さな鬼のようなものである。

さらに『都名所図会』には、『源平盛衰記』に「中宮御産の時、二位殿一条堀川戻橋の東の爪に車を立たせ辻占いを問給ふとなん」とある、とも書かれている。『源平盛衰記』を見てみよう。第十巻「中宮御産事」につぎのような話がある(11)。

> 治承二年のことである。中宮（清盛の娘）が難産でなかなか子どもが産まれなかった。そこで二位殿（清盛の妻で中宮の母）が一条堀川戻橋の東詰めに車を立てて橋占いをした。すると十二人の童髪の子どもが、西の方から手を叩きながら「榻は何榻国王榻、八重の潮路の波の寄榻」と四、五返歌いながら東へ飛ぶように走り去っていった。帰って平時忠に告げると、下の句の「八重の云々」はわからないが、上の句の「榻は何榻国王榻」は、王子が産まれるという目出たい占いだと判断する。

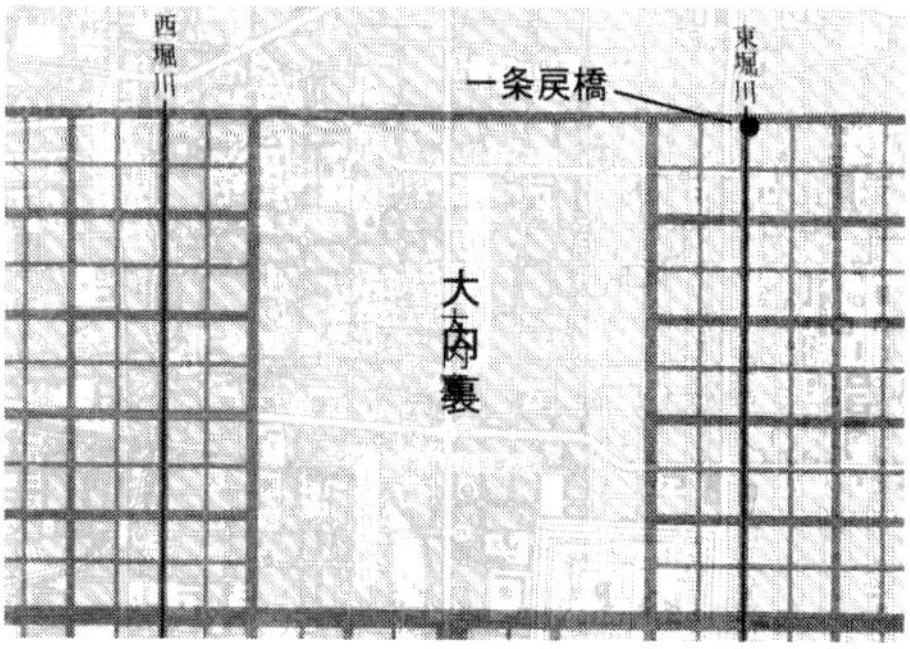

図 11　大内裏の北東で平安京の北の端にある一条戻橋

足利健亮編『京都歴史アトラス』中央公論社, 1994, 30 頁に佐々木加筆.

榻とは腰掛けや細長い寝台で、牛車に乗り込む時の踏み台にも使用された。したがってそれが国王の榻になるという判断である。そしてその通りになった。しかし下の句は、八歳で壇ノ浦の海に沈むという運命を示していたのだった。そしてつぎのようにいう。

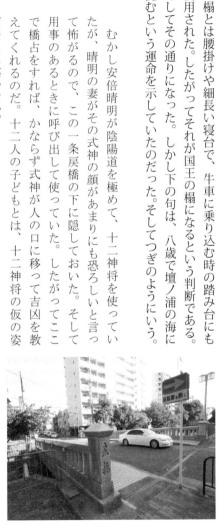

むかし安倍晴明が陰陽道を極めて、十二神将を使っていたが、晴明の妻がその式神の顔があまりにも恐ろしいと言って怖がるので、この一条戻橋の下に隠しておいた。そして用事のあるときに呼び出して使っていた。したがってここで橋占をすれば、かならず式神が人の口に移って吉凶を教えてくれるのだ。十二人の子どもとは、十二神将の仮の姿だったに違いない。

図 12　一条通の堀川に架かる現在の戻橋
佐々木撮影.

この一条戻橋、どのような橋だったのか。図12は、現在の一条戻橋のようすであるが、高層ビルに囲まれ交通量も多く、もともとはあったであろう神秘性はもはやない。ところが図13の『都名所図会』に描かれた戻橋を見ると、その水流は二筋あり、渦を巻いている。二筋の水流が合流することで、音を立てていたのだろうか、通行する人々が皆、視線を寄せているのが見える。

今度は古地図で見てみよう。図14は一七〇一年の「元禄十四年実測大絵図（後補書題）」（図8と同じ）である。これを見ると確かに一条通が堀川にかかる地点で、二つの川が合流しているのがわかる。ここ

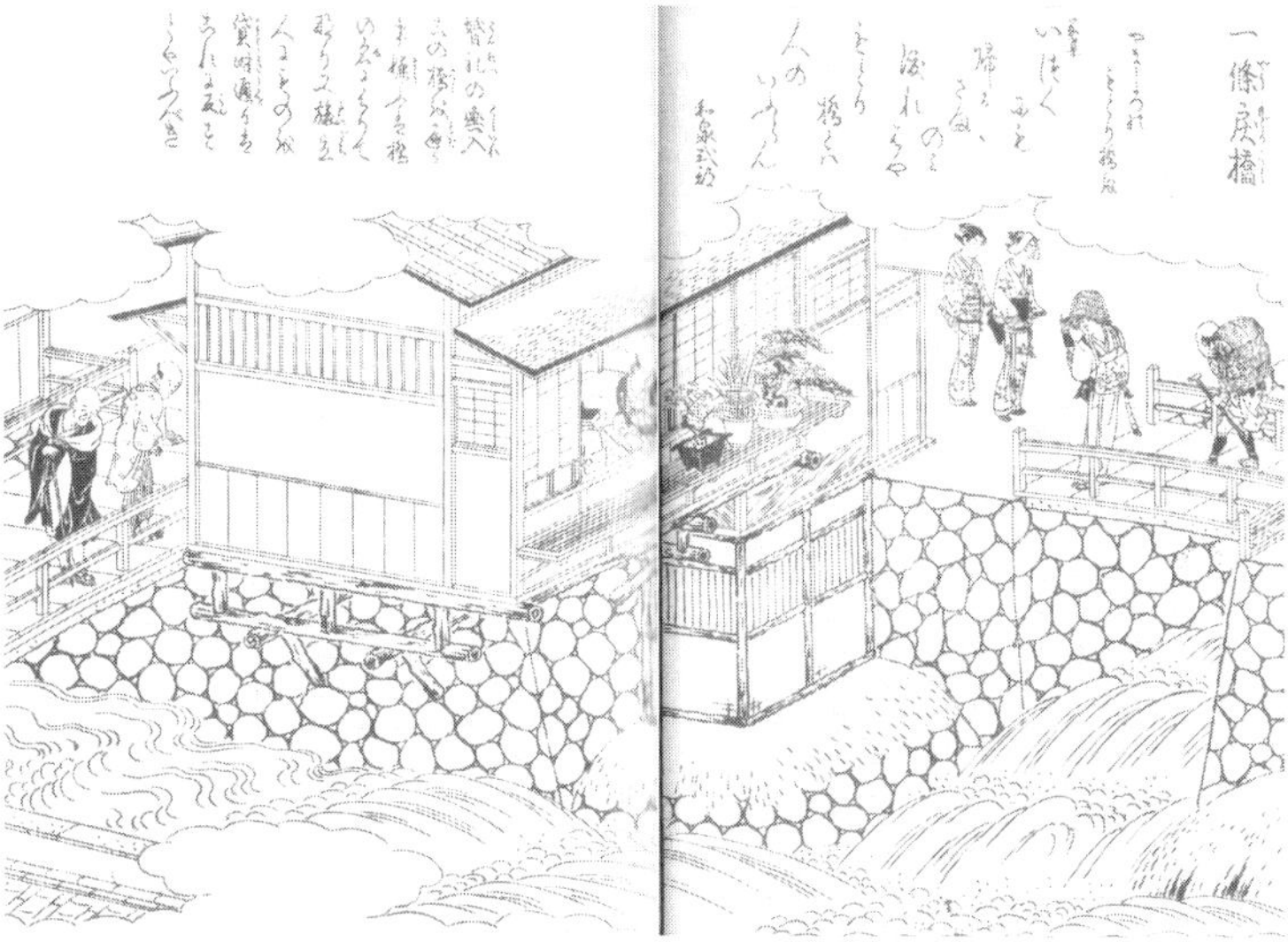

図 **13**　『都名所図会』に描かれた一条戻橋
『新修　京都叢書　第六巻』臨川書店，1967，30～31 頁より．

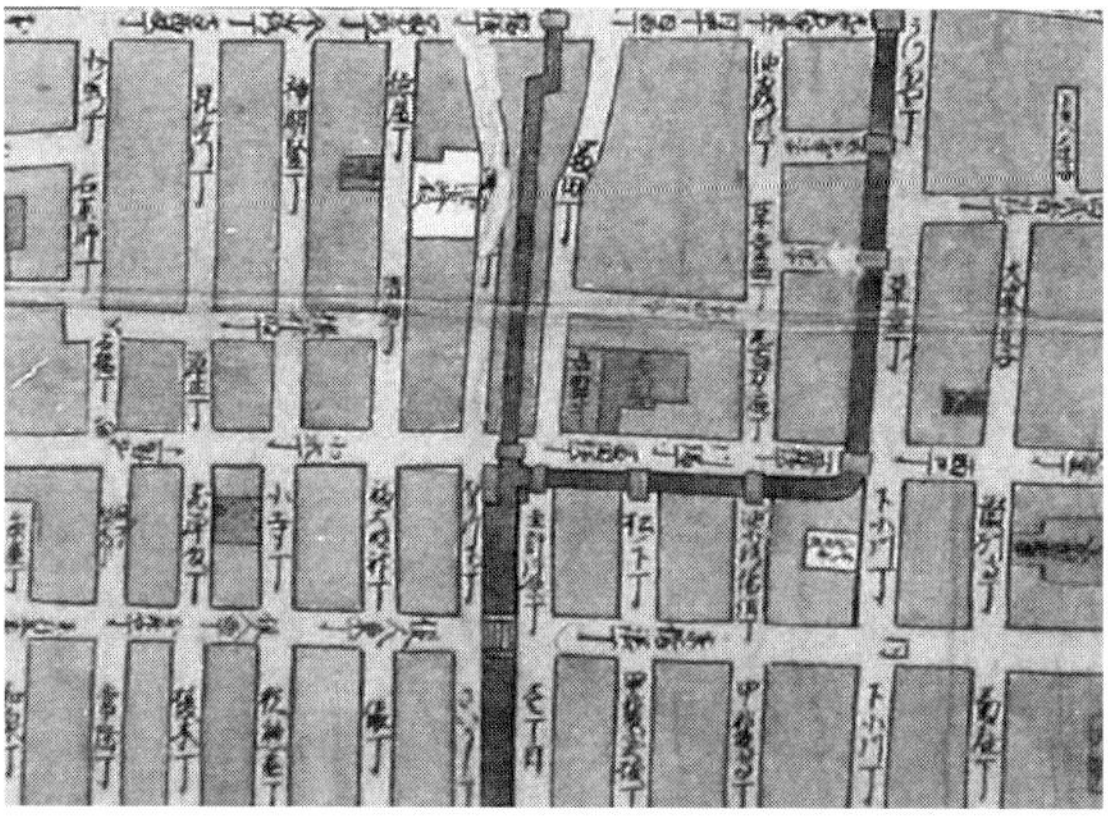

図 **14**　「元禄十四年実測大絵図（後補書題）
1701 年」に描かれた一条戻橋

が貴船の水流を都へと取り入れる入り口だったのである。ここに貴船の鬼、山城盆地の先住民の神の侵入口があった、と認識されていたのである。

かつて私は、本シリーズの第一弾となった『民話の地理学』で、「大工と鬼六」という昔話を分析したことがある(12)。そこでも鬼の出没場所は、村はずれにある流れの速い川であった。つぎのような昔話である。

あるところに、流れの早い川がありました。何かい橋をかけても流れてしまいました。村の人たちもとんと困りはてて、いろいろ相談したあげく、大工に頼んで橋をかけてもらうことにしました。大工は元気よく承知したがどうも心配だ。川に行って、淵につきあたって流れる水を見ていると、水の泡からぶっくりと、大きな鬼が出て来ました。そして「大工さん、なに考えている」とたずねました。大工が「橋をかけねばならぬ」というと、鬼が「お前の目玉よこしたらかけてやる」といいました。大工は「俺はどうでもよい」といって、その日は別れました。つぎの日に行ってみると、橋が半分かかっていました。またそのつぎの日に行くと、ちゃんと橋がかかっていました。すると、鬼が出て来て、「目玉よこせ」といいました。大工はおどろいて「待ってくれ」といって、あてもなく山に逃げて行きました。そして、ぶらぶら山を歩いていると、遠くの方から「早く鬼六　まなく玉　もってこば　えいなあ」と、細い声で子守唄が聞えて来ました。大工はその歌をきいて、本心に帰って自分の家に帰って来ました。つぎの日また鬼にあいました。鬼は「早く目玉よこせ、もしも俺の名前をいいあてたら、目玉よこさなくてもよい」といいました。大工はよしといいながら、「なんの誰」というと、鬼は「そうじゃない」といいはりました。「なんのそれ」「そうじゃない。」一ばん最後に、大工は大きな声で「鬼六」といいました。そうすると、鬼はぽっかり消えたということである。

(岩手県胆沢郡)(13)

『民話の地理学』では、鬼なる存在を生み出した原動力は、私たちの無意識にあるのではないか、という点を、ユング派の深層心理学を応用しながら論じた。さらに人文主義地理学の心のなかの景観研究でも、視覚以外の感覚、つまり聴覚・嗅覚・味覚・聴覚あるいは第六感で認識した景観を、心のなかの景観と呼んだことから、大工が山のなかで子守歌を聴く、つまり聴覚を使うことで、後の鬼が出す難題に答えられたのは、山のなかが心のなかを現しているのでは、と解釈した。それは私たちが無意識の声を聴くことの重要性を示しているのだと。

さらに、この物語で描かれた景観にも注目し、鬼が住む場所、つまり無意識の領域が奥深い自然で、私たちが住む場所、つまり意識の領域が人間の開拓地と、喩えられているのだ、と分析したのだった（図15）。

カール・グスタフ・ユングの集合的無意識という概念は、人類に普遍的に存在する無意識世界を仮定している。そのため昔話で描かれる内容は世界のどこへ行っても同じように語られるのだと。確かにこの昔話は世界に存在している。そして鬼などの超自然的存在は、奥深い自然に住んでいる。そして何れの国の主人公も、聴覚で難題を解決している。

この意識と無意識という普遍的世界の仮説から導き出された結論が、現実の世界でも見いだせると、地理

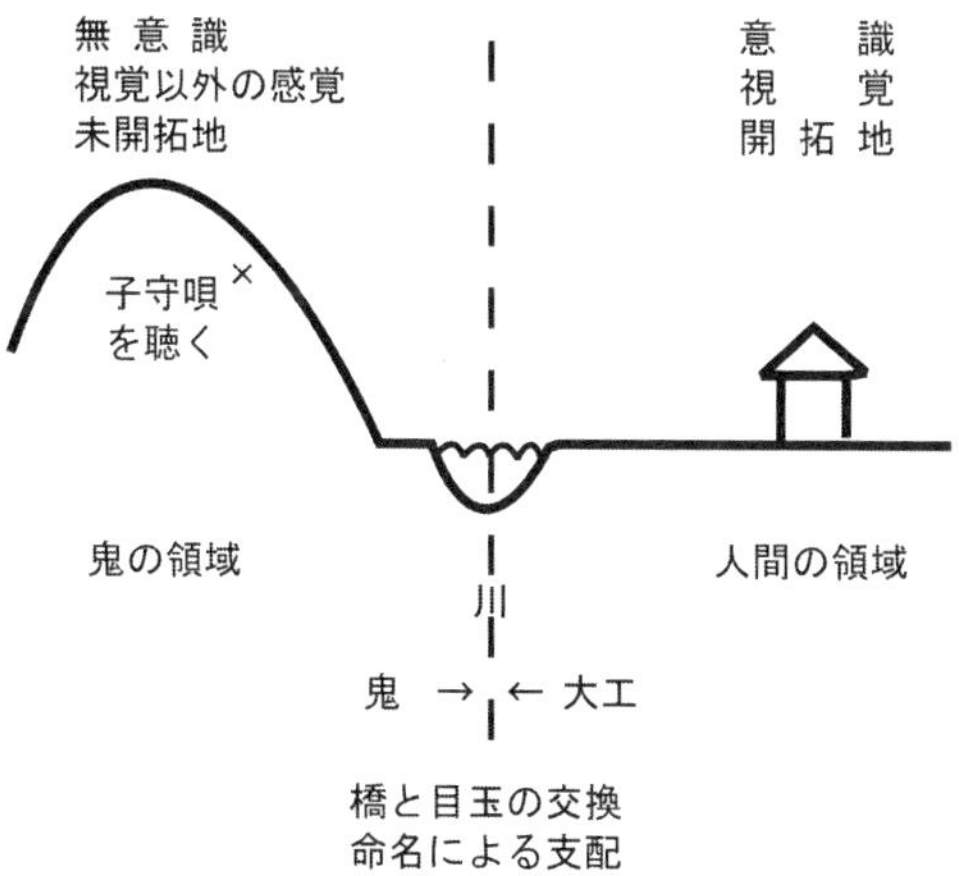

図15　大工と鬼六にみる意識と無意識
『民話の地理学』古今書院，2003，7頁より．

学的研究としては、たいへん面白いことだ、と私は考えたものだが、この平安京の一条戻橋は、まさに、古代の私たちの意識と無意識の境界線を示しているといえるのだ。なぜなら平安京の北の境界が一条通りで、そこに架かる橋に鬼が出没しているからである。私は、はじめてこの昔話を知ったとき、川のなかから鬼が出る、という表現にある種の違和感を感じたが、この山奥の水源地である貴船に鬼の国があり、その鬼が水流に混ざり込み、人間と自然の境界線に出没したのでは、という具体像が浮かび上がったとき、やっと納得がいったのであった。

ジークムント・フロイトは、意識が無意識を抑圧している、そして、その抑圧に無意識は抵抗している、と考えた。そしてその絶え間ない運動が、心を動かす原動力となっているのだと(14)。新しい支配者が意識で、先住民が無意識だとしたら、この山城盆地を舞台に語られる様々な妖怪文化も、また違った目で見ることができるだろう。

もう一点、普遍性という点から鬼門について触れておきたい。これは同じく本シリーズの第二弾『怪異の風景学』で紹介した、「直立した人間の身体と空間・時間」という、イーフー・トゥアンの概念(15)についてである。

彼によると、人類が直立歩行したことによって、人間独特の空間概念が成立した、とする。直立した人間は、眼前に広がる漠として切れ目のない空間を、その身体を中心に上と下、前後・左右に分節化した。そして分節化した空間に言語を与えた。目の方向を「前」、背中の方向を「後」、頭周辺を「上」、足の辺りを「下」と。言語化された空間は、つぎに意味世界へと導かれることになる。給料や成績が「上がる」「下がる」と。それらが実際に空間を上下することはない。にもかかわらず、空間は意味世界へと突入したのだった。

図16は私たちの身体が直立した時の、方位の価値を示している。これによると前はプラス、後ろはマイナスとなる。「前向きな人」といわれれば、悪い気はしないだろう。さらに世界の多くの文化において、「右手の優越」が知られている。右もプラスなのだ。それらが組み合わされると、この図のように、右前方が一番明るく広く、左後方がもっとも暗い空間ということになる。

「天子南面す」という中国の故事があるが、それを平安京で例えていえば、南西が一番明るく広く、北東が一番暗く狭い空間となる。平安京から見て北東が、丑寅の方角で鬼門、南西が未申の方角で裏鬼門となるわけだ。先に紹介したように陰陽五行説でいえば、最も明るい猿が、最も暗い鬼門に光を照らしているのである。そしてこのような人類特有の空間概念が、本来自然の側に属する比叡山という景観を、文化の側に取り込み、現在の文化景観を成り立たせていたのである。

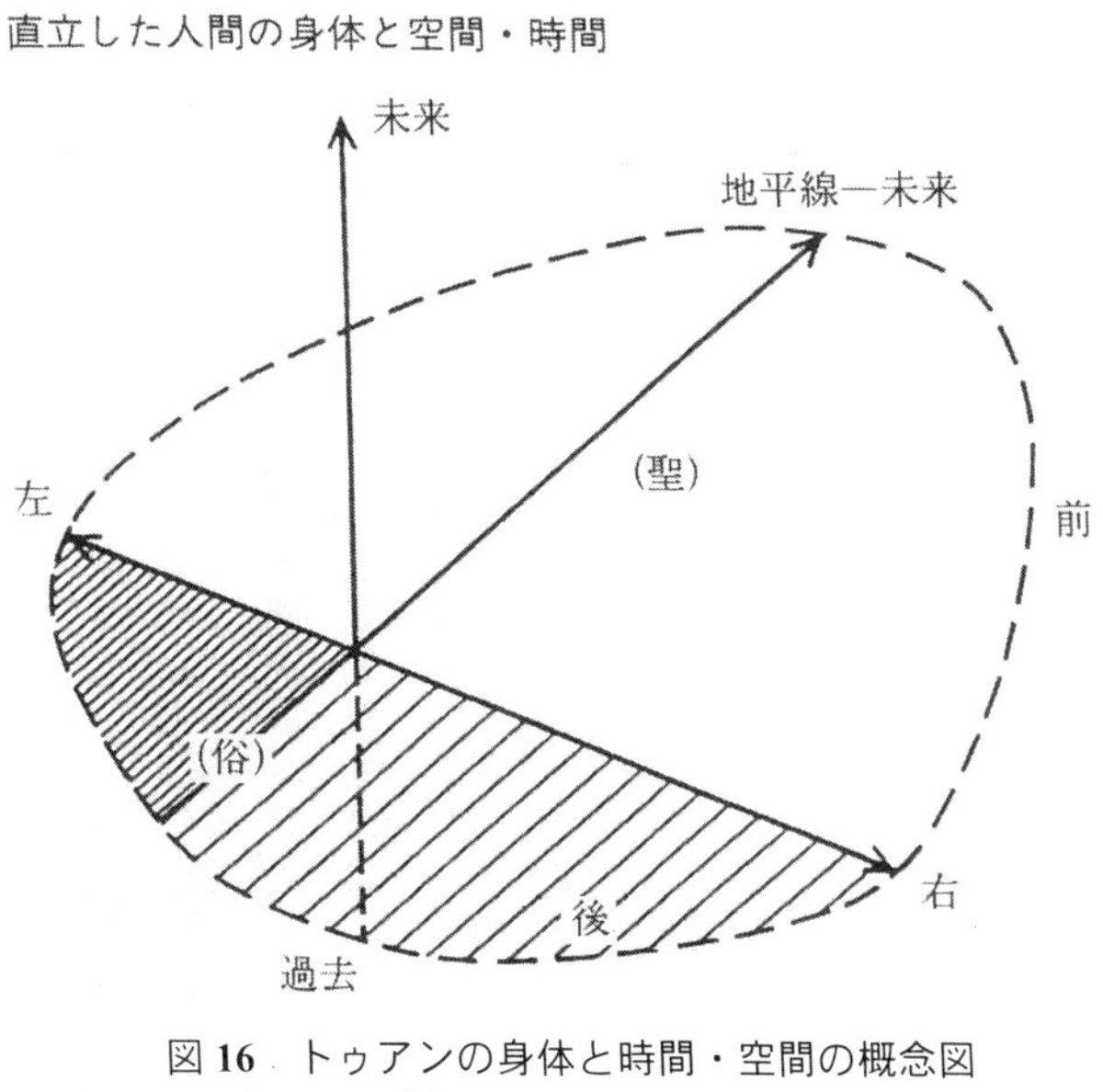

図 **16**　トゥアンの身体と時間・空間の概念図
イーフー・トゥアン『空間の経験』筑摩書房，1988，55 頁より．

鬼門という文化的表層と、身体と方位の価値という人類の普遍的な構造、この両方の概念を行き来し

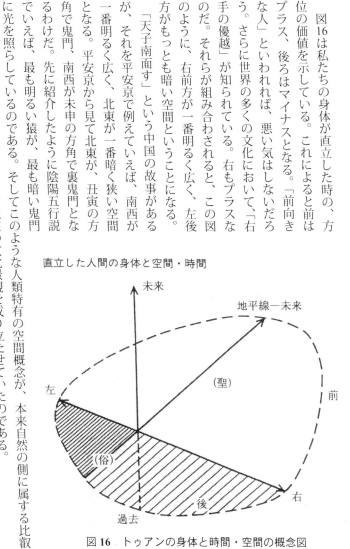

ながら、妖怪文化を訪ねる巡礼の旅を、続けよう。

注

（1）王秀文「桃の民族誌―そのシンボリズム（その三）」『日本研究』二〇巻、二〇〇〇、一二五～一七一頁。
（2）小口千明「鬼門」『日本民俗大辞典・上』吉川弘文館、一九九九、四七七頁。
（3）佐々木高弘・飯倉義之講師『京都・江戸魔界めぐり―NHKテキスト趣味どきっ！』NHK出版、二〇一九、一六～一七頁を参照。
（4）『貴船の本地』については、以下の文献を参照。京都大学文学部国語学国文学研究室編『京都大学蔵むろまちものがたり』第九巻、二〇〇三、四〇五～四二二頁。
（5）井上頼寿『京都民俗志』（東洋文庫一二九）平凡社、一九六八、一八三頁。
（6）筒井功『殺牛・殺馬の民俗学―いけにえと被差別』河出書房新社、二〇一五。
（7）謡曲の「鉄輪」：佐成謙太郎『謡曲大鑑（三）』明治書院、一九三一、七〇三～七一四頁。
（8）『平家物語　下』（新潮日本古典集成）、一九八一、二七五～二七六頁。
（9）同、二七六～二七九頁。
（10）『都名所図会』（新修京都叢書第六巻）臨川書店、一九六七、二九頁。
（11）松尾葦江校注『源平盛衰記（二）』三弥井書店、一九九三、一一一～一一二頁。
（12）佐々木高弘『民話の地理学』古今書院、二〇〇三、五～一〇頁。
（13）関敬吾編『一寸法師・さるかに合戦・浦島太郎―日本の昔話（Ⅲ）』岩波書店、一九五七、一一七～一一八頁。
（14）ピエール・ババン『フロイト―無意識の扉を開く』創元社、一九九二。
（15）佐々木高弘『シリーズ妖怪文化の民俗地理2　怪異の風景学』古今書院、二〇一四、二九～三四頁。

3　妖怪の正体は？

（1）宮中文化としての妖怪

初めて妖怪が文献に登場したのが、宝亀八年（七七七）三月十九日であったことは、本書の最初に述べた。その内容は「宮中で頻りに妖怪が有ったので、大祓を行った」というものであった。

ところでこの史料にある妖怪とは、一体何を意味するのだろう。それは、この『続日本紀』の前後の記事[1]で推測するしかあるまい。その前後の記事を見ると、誰が何の官位に叙せられたのか、という今でいえば叙勲や人事の記事がほとんどである。宮中、つまり権力の中心の関心は、まずはそこにあったのだろう。それはわかる。なぜなら人を褒賞したり懲戒したりするのは、権力の維持装置だからだ。そんななかで、突如として先の妖怪の記事が登場するわけだ。であるなら、人事以外の記述に、彼ら権力者が、彼らが創ったネットワーク上の、何に関心を寄せていたのか、それが明らかになれば、突如現れた妖怪の正体がわかるのかもしれない。

まずは先の妖怪の記事の、前後一カ月間の叙勲や人事以外の記事を列挙し、宮中がどのような出来事に関心を持っていたのかを探ってみよう。

①　二月二十日　渤海使の史都蒙ら三十人を召して朝廷に参内させた。
②　二月二十一日　讃岐国に飢饉があったので、物を恵み与えた。
③　二月二十二日　人事関係
④　二月二十八日　使者を遣わして、疫病の神を畿内五カ国に祭らせた。
⑤　二月三十日　日蝕があった。
⑥　三月一日　人事関係
⑦　三月三日　人事関係
⑧　三月十日　人事関係
⑨　三月十六日　人事関係
⑩　三月十九日　大祓をした。宮中で頻りに妖怪が有ったために。
⑪　三月二十一日　僧六百人、沙弥百人を招いて、宮中で『大般若経』を転読させた。
⑫　三月二十三日　人事関係
⑬　三月二十九日　人事関係
⑭　この月　陸奥の蝦夷で投降する者が相次いだ。
⑮　四月五日　雹が降った。
⑯　四月九日　渤海使の史都蒙らが入京した。
⑰　四月十日　太政官は使者を遣わして使都蒙らを慰問させた。
⑱　四月十三日　雨氷が降った。太政官・内裏の建物に雷が落ちた。

⑲　四月十四日　　人事関係

⑳　四月十七日　　遣唐大使の佐伯宿禰今毛人らが暇乞いのため天皇に謁見した。ただし、大使の今毛人は羅城門まで来た時、病と称して留まった。

これらが、問題の妖怪の記事の、前後一カ月あまりの関心事である。人事関係以外に宮中が関心を寄せていた事象を整理してみると、おおよそつぎの六点にしぼられる。

一　海外からの使者の訪問（①⑯⑰）
二　飢饉（②）
三　疫病（④）
四　祭祀などの宗教的行為（④⑩⑪）
五　天変・天候不順（⑤⑮⑱）
六　国内の抵抗勢力（⑭⑳

であることがわかる。これら記事は、はたして妖怪という現象と関連しているのだろうか。

私は、これまでの議論で見たように、これらは密接に関連しているとみている。飢饉（二）は天候と関連しているのは現在でも同じである（五）。そして飢饉が人の死を、そして人の死が疫病（三）を生み、その流行を止めるために神道や仏教の祈りが捧げられる（四）。

これらの記事を連続したものとしてとらえるのであれば、つぎのような彼らの世界観が浮かび上がってくる。

まずは二月二十一日に、宮中から見れば遠い讃岐国に飢饉があったので、救援物資を送っている。その七日後に、天皇の領土である畿内五カ国（大和・山城・摂津・河内・和泉）で疫病の神を祭っている。つまり讃岐国の飢饉が、これまでの経験として、いずれ疫病を生むだろうと予測した。そして、その疫病が都へと近づく可能性があるため、まずは畿内へとそれらが侵入しないように、疫病の神を祭った。ちなみにこの時代の都は、平城京である。

そして問題の、三月十九日の宮中での妖怪ありの記事と、その対処方法としての大祓が行われる。二日後には、同じく宮中で大般若経（2）も読まれている。

そして前章でも述べたように、それら異常気象や飢饉、疫病の原因が、かつての抵抗者、つまり先住民(六)の祟りであると考えられていた点を、その関連性の根拠としてあげることができよう。大祓をし、大般若経を転読した後、どうも陸奥の多くの蝦夷が投降している(⑭)。⑳の記事にある佐伯という姓は、服属し畿内周辺に定住した蝦夷たちである。毛人は蝦夷のことである。

その佐伯宿禰今毛人が病で羅城門で停止させられている点にも注目したい。なぜなら、第1章でも述べたが、妖怪の対処方法である大祓が、羅城門で行われていたからである。つまり彼は、かつての抵抗者であり、病に罹っており、限りなく妖怪という現象を引き起こす可能性のある、祓えの対象だったのだ。

これらを総合すると、宮中が考えた妖怪とは、天候の異変、それによる飢饉、そして疫病、それらを引き起こす征服された先住民たちの祟り、そして今も同じだが、海外から訪問する人（一）によってもたらされる、疫病への恐怖であったのだ。

（2）様々なアクターを関連させる妖怪

これらが関連している、と宮中が考えていたであろう事を推察する記事が、宝亀元年（七七〇）六月の記事に見いだせる(3)。

㉑ 六月八日　志摩国に大風が吹いたので、害を被った民に物を恵み与えた。
㉒ 六月十日　天皇が不調。人事関係。
㉓ 六月十三日　佐伯宿禰今毛人に播磨守を兼任させる。
㉔ 六月十四日　美濃国に長雨が降ったので、損害を被った民に物を恵み与えた。
㉕ 六月十六日　人事関係。
㉖ 六月二十三日　疫病を防ぐ神を京の四隅と、畿内と畿外の堺十箇所で祭った。
㉗ 六月二十四日　京に飢えと疫病の災害があったので、物を恵み与えた。
㉘ 六月二十五日　人事関係。
㉙ 七月六日　人事関係。
㉚ 七月九日　土佐国に飢饉があったので、物を恵み与えた。
㉛ 七月十五日　天皇はつぎのように勅した。

朕は重い任務を負い、薄い氷を踏み、深い淵に臨むように恐れ謹んできたが、上は天の意向に先立って時勢に奉仕することができず、下は民をわが子のように慈しみ養うことができず、常に徳の薄いことを恥じ、まことに心に誇れるところがない。衣食を簡約にして身を節し、一日一日を謹んでいる。殺生禁断の法を国家に立て、罪を赦免する法を朝廷に頒布したが、なお も疫病は生き物を損ない、天変地異は物を驚かしている。それが永く朕の心をいたませ、身の置き所のない思いがする。

ただ仏陀がこの世を解脱して残された教えが、朕に感応してくださるならば、苦境は必ず脱することができ、災害はすっかり取り除かれることであろう。そこで仏陀の悟りを仰いで、この妖気を払おうと思う。謹んで京内の諸々の大小の寺々において、今月の十七日より始めて七日の間、僧侶を招いて『大般若経』を転読させることにする。これによって、仏陀の知恵の力がたちまち嶺のように大きな邪悪を打ち破り、慈悲の雲が永くあまねく天を覆い、すでに亡くなった人の霊魂は上下とも成仏し、未来と現在の人間は尊卑ともに同じく栄えよう。広く天下に布告して五辛（五種の辛みの食物）・肉・酒を断ち、それぞれの国の寺において『大般若経』を転読させよ。国司と国師は共にことに当たり、読経の経巻と僧尼の数とを調べて、使者に託して奏上せよ。内外の文武の官人もまたこの制に従い、朕の意にかなうようにせよ。

㉜　七月十八日　常陸国那賀郡の人が祥瑞の白い烏を捕らえた。但馬国に疫病がはやったので、物を恵み与えた。

妖怪の記事は光仁天皇の御代で、この記事はその一つ前の天皇、称徳天皇の時代のものであるが、同じような世界観を継承していたと考えていいだろう。ここでも天候不順（㉑㉔）があり、数日後に都と畿内で疫病の神を祭っている（㉖）。そして翌日に都で疫病が流行している。さらに土佐で飢饉があり。ついに天皇の長い勅が出される。

それは天皇の徳からはじまり、衣食の節約、殺生の禁止、恩赦にまで言及され、それでも疫病と天変地異が絶えないとする。そして仏教の教えで災害や妖気を払おうとしている。

このように『続日本紀』の記事を見渡すと、天候の異変、日蝕、飢饉、疫病、反乱、天皇の徳、宗教などの、現在の私たちから見たら無関係と思われる別々の出来事が、関連性のなかで認識されているのが見てとれる。しかもその出来事のあった場所も、宮中、そして畿内、讃岐、土佐、常陸、陸奥などさまざまな地域が登場する。これはあの第一章で紹介した、様々なアクターがネットワーク上で関係し合う、まるでアクター・ネットワーク理論、そして関係性の空間を見るようだ。

かつて私は、本シリーズの第一弾『民話の地理学』で、「妖怪という想像力には、人と場所とを結びつける力がある(4)」と述べたが、もっと様々なアクターを結びつける力があったのだ。天皇の勅の後の㉜の記事は、常陸国で祥瑞の白い烏が捕らえられたという。つまり常陸国という遠国で、めでたい兆しが出たとのことである。それでも但馬国で疫病が出たようだが。

妖怪文化とは、そのような様々なもの（アクター）を結びつける見えない力（ネットワーク）なのだ。そしてそれが宮中文化であるならば、権力のネットワークでもあるわけだ。

（3）妖怪の対処方法

さて第1章でも述べたように、この妖怪に対する対処方法が大祓であった。まずは平安時代に編纂された律令の法典『延喜式』に記された、その大祓の祝詞をみてみよう。

まずは親王や諸王、諸臣たち、さらに数多くの役所の役人たちを集めて、拝聴するように求めた。そして役人たちがこれまで過ち犯したと思われる数々の罪を、今年の六月晦日の大祓の儀式で、神々がきれいに祓い清めて下さる、と。そして祝詞の本文がはじまる。

高天原に鎮まっておられるカムロキ・カムロミの皇親神が、八百万神たちをすっかりお集めになって十分審議をし、天皇に豊葦原瑞穂国の統治を命じられた。そして荒ぶる神々（荒振神々）を平定し、さわがしくものをいっていた岩石や樹木や草の葉までを黙らせた後に、天の磐座を放ち、天皇を天降らせた。このように委任した大和国に立派な御殿を造るが、天皇はそこに住んで国を平安に治めるだろう。しかしその国に生まれた人たちは誤ったり、罪を犯したりするだろう。これら数々の罪は、天つ罪と国つ罪があるが、それらは高天原から伝わった祭事と祝詞で祓うことができる。すると天神は天の岩戸を開いて、国神は高い山、低い山に登って祝詞を聞きとどけるであろう。そうすれば天下の罪はすべて無くなるであろう。これら罪を祓い清めると、山から勢いよく落下してくる、流れの早い川の瀬におられるセオリツヒメが、罪を川から大海原に流してしまうであろう。それを流れが会する渦におられるハヤアキツヒメが、流された罪を呑み込んでしまうだろう。次にそれを息を吹き出す戸口の所におられるイブキドヌシが根の国・底の国に吹き飛ばすであろう。そしてそれを根の国・底の国においでになるハヤサスラヒメが消え去ってしまうだろう(5)。

長文なので、だいぶ省略した形で示したが、おおよそは右のような内容となっている。ここでも関連性という視点で祝詞を見てみよう。まず最初に述べられているのは、天界（高天原）にいる神々が地上界（豊葦原瑞穂国）を支配する、いわゆる天孫降臨の場面である。その頃、地上界は荒ぶる神々が支配していた。その荒ぶる神らを平定した後に、天孫降臨が実現する。

現実的にいえば、先住民を荒ぶる神と呼び、征服したのが天皇家ということになる。岩石や樹木、草の葉までも黙らせたとは、何を意味するのだろう。原野の開拓、つまり田や畑の開墾を指すのだろうか。とにかく、そうやって大和国に都が造営され、天皇は国を平安に治めることに成功した。

ところが人々は罪を犯すという。それをこの祝詞で祓うことができるというのだ。ということは、先の「宮中で妖怪が頻りにあったので、大祓を行う」とは、この人たちの罪が妖怪と同義、あるいは類似関係にある、ということなのか。

祝詞によると、これら数々の罪には、天《あま》つ罪《つみ》と国《くに》つ罪《つみ》がある。列挙してみよう。

天つ罪として、畦放ち（田のあぜをこわす罪）・溝埋め（田に水を流す溝を埋める罪）・樋放ち（田に水を送る竹や木の管をこわす罪）・頻蒔（穀物の種をまいてある上へ重ねてまいて、成長を妨げる罪）・串刺し（家畜に先のとがった串を刺して殺す罪）・生剥ぎ（家畜の皮を生きたまま剥ぐ罪）・逆剥ぎ（家畜の皮を尾の方からさかさまに剥ぐ罪）・屎戸（肥料の屎にのろいをかけて、農耕の妨害をする罪）があがる。

国つ罪として、生膚断ち（人の膚を傷つける罪、但し被害者が生きている場合）・死膚断ち（人の膚を傷つけて殺す罪）・白人（皮膚の異常に白くなる病気）・こくみ（こぶのような皮膚の異常や傴僂の類）・己が母犯す罪（自分の母親と通ずる罪）・己が子犯す罪（自分の娘と通ずる罪）・子と母と犯す罪（一人の女性と通じ、更にその女性の娘と通ずる罪）・畜犯す罪（畜類と通ずる罪）・昆虫の災（家畜の下部に蛇やむかでのような地を這う虫が加える災禍）・高つ神の災（高所にいる雷神が家屋に落ちて生ずる災禍）・高つ鳥の災（家屋の上部に鷲や鷹のような空を飛ぶ鳥が加える災禍）・畜仆し蠱物する罪（畜類を殺してその血を取り、悪神を祭って憎む相手をのろう呪術を行う罪）があげられている。

古代社会にとって最も重大な罪を「天つ罪」、それ以外の罪を「国つ罪」と分類したとされる(6)。となると田の妨害が最も重要な罪ということになる。つまり古代律令国家が最も重視したのが、稲作であったことがわかる。岩石や樹木、草の葉までも黙らせた、とは農業を起こしたことを意味するのだろう。つぎに穀物、家畜と農業全般へと続く。それは国の骨幹である経済活動への妨害といっていいだろう。

それに対して国つ罪は、一、人への危害、二、インセスト・タブー(7)、三、虫の害、四、病気、五、落雷、六、鳥害、七、呪術、とまとめることができよう。今の私たちからしたら、一、二は確かに罪の部類に入る。しかし、三〜六は現代的感覚では、そうは思えない。

誰かがこれら罪を犯したのであれば、とらえて罰すればいい。しかし、これら結果としての罪の原因が特定されない場合、どう対処したのだろう。たとえば、台風による畦放ち、溝埋め、樋放ちもあったろう(たとえば㉑)。病気が罪だといわれても、疫病(④⑳㉗㉜)が流行したりすると、その原因は個人に帰すことはできまい。飢饉(②㉗㉜)も落雷(⑱)もそうだろう。おそらくそのような場合に、私たちに害を加える目に見えない何かを、古代社会は想定したのであろう。それを妖怪と呼んだ可能性がある。だから大祓で対処するしかなかった。

そしてこの並べ立てられた数々の罪が読み上げられた後、宮廷の儀式が述べられ、この祝詞を読めば、様々な罪は祓い清められると唱えられる。つまりこの前半部分が、天界の神々に聴かせる重要な部分だということになる。なぜならその後の内容は、どのようにして罪が祓われていくかの過程が語られているにすぎないからである。

この祝詞のどこが肝心な部分なのか。それはおそらく天孫降臨の経緯だろう。その偉業を、天界の神々に伝え、褒めそやすことが、私たちの罪を祓い清めてもらう代価だったのだ。それは支配者の偉業を確認する唄でもあったのだ。そして儀礼においては、人々の集まる場所、そして人々の歌い、そして聴く、整列する、などの行為がともなった。

祝詞の後半部分は、第1章でも述べた、地理的に見てたいへん興味深い部分である。宮中あるいは都に、人間の犯した罪が蓄積されると、天界から流れ出る水流が、地上界の山を伝わり降り、さらに河川が都を清め、大海原へと流しだし、最終的には地下世界でそれら罪を浄化すると、そこに様々な空間情報が散りばめられているからだ。そしてその要所要所に神々がいて、最終的には根の国底の国のハヤサスラヒメが浄化してくれる。

『延喜式』は平安時代のものだが、この平城京の時代でも同じような世界観で、大祓の祝詞が唱えられていたであろう。であるなら、大和盆地の山々や河川を具体的に想定することで、地理的な関心は充分に満たされる。シリーズ第三弾『神話の風景』で、このような人々の罪を神々が水流によって浄化する神話を、世界の洪水神話と同義としてとらえ、大和盆地についても論じているので参照して欲しい(8)。

（4）祝詞に出てくる荒ぶる神とは

さて、前章でも述べたように、これら異常気象や疫病の原因を、新支配者に抑圧された、先住民の祟りや抵抗と考えるのであれば、この祝詞《のりと》でいえば、天孫降臨前にこの地上界を支配していた、荒ぶる神やものをいう原野ということになる。つまり先住民の反抗や祟りが、様々な罪の原因だと考えられていたのである。妖怪があったので、大祓をする、という文脈は、このように関連づけられるだろう。

では、この荒ぶる神とは何ものなのだろう。『延喜式』の祝詞で荒ぶる神が登場するのは、大祓以外では、

「遷却崇神（たたりがみをうつしやる）」と「出雲国造神賀詞（いづものくにのみやつこのかむよごと）」のみである(9)。まずは遷却崇神の祝詞を見てみよう。

高天原に神としてお鎮まりになって、物事の最初を開かれた皇祖のカムロキ・カムロミが天の高い所に八百万の神々を集めて、十分審議をして我が尊い神の孫に、豊葦原瑞穂国を安らかな国として平定せよと、天の磐倉を放ち、天の八重雲をかき分けかき分け天降りする際に、どの神を先遣させて、瑞穂の国の荒ぶる神たち（荒振神等）を払いのけ平定するかを、神々が審議した時に、神々は、天穂日之命を使わして平定しようと申し上げた。こうして天穂日之命を天降らしたが、この神は地上に留まって復命しなかった。次に遣わした健三熊之命も父と同じく復命しなかった。また次に派遣した天若彦も復命せず、高い所を飛ぶ鳥の災いによって、身を滅ぼした。これによって天上の皇祖の神のお言葉によって、重ねて審議し、経津主命・健雷命の二柱の神を天降らして、荒振神らを次々と神払いし、帰順させ、さわがしく物をいっていた岩石や樹木や一片の草の葉までも黙らせて、尊い神の孫を天降らせた。このように天降らせて、地上の国の真ん中の大和の太陽が高く昇る国を安らかな国として平定し、地下の大きい岩の上に宮殿の柱を太くしっかりと立て、高天原に向かって高々と聳やかして、天を覆う陰また日光を覆う陰となる立派な御殿を造り、この国を安らかな国として平穏に統治される。その御殿の内におられる尊い神々は、荒ぶったり、猛々しい振る舞いをされたりすることなく、高天原に始まったこの祭事の趣旨を、神であるがままによくお知りになって、祟る神のお心をいさぎよくお直しになって、この場所よりは、遠く四方を見渡すことのできる山や川の清らかな所にお遷りになって、そこを自分の場所として御領有なさって下さい。

この後、この祟り神に織物、鏡、玉、弓矢、太刀、馬、御神酒、稲、鳥獣類の毛皮、野菜、魚類、海草などの品々が奉納され、祟ることなく鎮まって欲しいと頼んでいる(10)。これら捧げられた品々も、権力のネットワークを使って、宮中に集められたアクターたちなのだ。

この祝詞においても、まず天孫降臨の経緯が語られ、その場面で荒ぶる神が登場する。そしてその荒ぶる神々を宮殿から、四方を遠く見渡せるような山や川に追いやっているのだ。まるで第2章でみた、山城の先住民の神、貴船の女神を見ているようだ。そう考えると高い山でありながら、清らかな水源地でもある貴船に、鬼の国があったとする人々のイメージが、この宮中文化を基盤にしていたことが納得できるのである。そしてその祟り神である鬼たちは、水流に乗り深泥池や一条戻橋に出没し荒ぶることもある、と。

つぎに出雲国造神賀詞を見てみよう。この祝詞は、出雲国造が出雲の神々および人民を代表して、天皇の御世がいつまでも長く続きますようにと、神を祭って祈り奏上する際に唱えられた。

高天の神王、高御魂・神魂命が孫神の命に天の下の八嶋国（日本）を譲った際、出雲臣らの遠い祖神である天穂比命を、国の様子を見に使わした。天の八重雲を押し分けて、天空を飛びまわり、地上を駆け巡り、地上界を巡視して、復命した。豊葦原瑞穂国は、昼は五月の蠅が騒がしく沸き返り、夜は瓶のなかで燃やす火のように光る神がいる。大きい岩や樹木、青い水まで物をいって、荒ぶる国（荒国）である。しかしながらこれらを鎮め平定し、皇御孫の命が安らかな国として平穏に統治できるようにしましょう、と申して、自身の子である天夷鳥命に、布都怒志命を添えて天降らせ、荒ぶる神等（荒布留神等）を祓い平らげ、国作りをした大神をもうまく鎮めて、日本の国の現実に目に見える政事を譲らせた。すると大穴持命が申し上げた。皇御孫の命が鎮まるべき所は、大和国である。

この後、大穴持命は自己の和魂を倭の大物主櫛𤭖玉命として大御和に、その子である阿遅須伎高孫根命を葛木の鴨に、そして事代主命を宇奈堤に、賀夜奈流実命を飛鳥にと、天皇を取り囲む守り神として、自身は八百丹杵築宮に鎮まった、と続く。

出雲国造は各一年、前後二回におよぶ潔斎の後、都に上り、天皇の神宝を献じて神賀詞をすることになっていた。つまり出雲の国譲り神話を現実に表現して見せた服属儀礼ということになる。つまり神話を儀礼という行為で再現しているわけだ。

第1章で指摘したように『延喜式』の大祓の祝詞が描く神話的世界が、平城京・平安京を中心とした現実空間で、人々の儀礼行為を通して実践されていたわけだ。それはまさに、権力者が創り出した祝詞という神話的「知」が、ネットワークを通じて、様々なアクターを巻き込みながら、人々によって実践されることによって生成した権力空間といえよう。つまり流動的で開かれた「関係性の空間」なのだ。そしてそこには、このネットワークを使って集められた、「風土記」に記されたような、各地の山海の珍味の陳列も含まれていたことを、忘れてはならない。そしてそれだけではない。国を譲ったとされる側の、出雲国造を都へ呼び寄せ、祝詞を唱えさせているのだ。

ここで『延喜式』の祝詞に出てくる、荒ぶる神という言説が、大祓、遷却崇神、出雲国造神賀詞の三カ所にしか見いだせない点を、再考してみよう。

大祓は私たちの罪を流す祝詞であった。それは妖怪の対処方法でもあった。遷却崇神は、荒ぶる神を宮中から周辺の山や川に遷す祝詞であった。これら祝詞に出てくる荒ぶる神は、もともとは天皇家が支配する前の先住民の神々であったのではないかと、ここまで述べてきた。出雲国造神賀詞は、まさにそのことを証明するかのように、おそらくは天皇家のライバルであったが、支配され追放された出雲族の神々の天皇への服属の誓いである。その言説にも、やはり荒ぶる神が語られるのであった。

注

（1）宇治谷孟訳『続日本紀（下）』講談社、一九九五、一六五～一六八頁を参照した。
（2）読誦すれば災いを除くという内容をもつことから護国思想と結びついた（山折哲雄編著『仏教用語の基礎知識』角川学芸出版、二〇〇〇、二〇〇～二〇一頁。）
（3）注（1）、三七～三九頁を参照した。
（4）佐々木高弘『民話の地理学』古今書院、二〇〇三、二一一頁。
（5）青木紀元『祝詞全評訳―延喜式祝詞・中臣寿詞』右文書院、二〇〇〇、二四一～二四五頁を参照した。
（6）同、二四八頁。
（7）インセスト・タブー、姦通、同性愛、未婚者の私通、獣姦などの性的違反の様々な問題については文化人類学の成果を参照（石川栄吉他編『文化人類学事典』弘文堂、一九八七、七五～七六頁）。また世界の洪水神話でも、神の怒りの原因は、インセスト・タブーである場合が多い。
（8）佐々木高弘『シリーズ妖怪文化の民俗地理3　神話の風景』古今書院、二〇一四、一六一～一八一頁。
（9）虎尾俊哉編『延喜式　上』集英社、二〇〇〇、四九六～五〇五頁。
（10）現代語訳については、注（5）、三三三～三四一頁を参照した。

4　荒ぶる神の正体

（1）記紀神話に登場する荒ぶる神

さて前章でみた『延喜式』の祝詞に登場する荒ぶる神であるが、これらが神話世界を踏襲していたのであれば、記紀神話においては、どのように記述されているのだろう。

祝詞において荒ぶる神が登場するのは、いずれも天孫降臨前の状況下においてである。それは、いわゆる国譲り神話と呼ばれる場面である。そしてオホクニヌシによる国作りが終わった後のことであった。

まずは『古事記』を見てみよう[1]。高天原を治めるアマテラスが「豊葦原水穂国は、わが御子の治める国だ」と言いはじめる。するとアメノオシホミミが天の浮き橋に降りたって、下界を見渡し、「水穂国はひどく荒れている」と報告する。すると、

ここに高御産巣日神、天照大御神の命をもって、天の安の河の河原に、八百萬の神を神集へに集へて、思金神に思わせ考えさせて、天照大御神は言った。「この葦原中国は、我が御子の治める国である。ところがこの水穂国には、道速振《ちはやぶ》る荒ぶる国つ神（道速振荒振国神）が多いとのことだ。何れの神を使わして服属させるか」

と、ここでは「道速振る荒ぶる国つ神」という表現をとっている。祝詞にあった荒ぶる神は、ここではっきりと国つ神ということになる。それは天皇家よりも先に水穂国を支配していた、オホクニヌシを中心とする勢力のことと読める。

そこでアメノホヒが天降る。ところがアメノホヒは、オホクニヌシになびいて、三年ものあいだ高天原に報告しなかった。そこでつぎにアメノワカヒコが天降る。ところがアメノワカヒコは、オホクニヌシの娘と結婚し、水穂国を得ようとして、八年も音沙汰がなかった。そこでアマテラスは、つぎのようにアメノワカヒコに伝えるように、とキジを使いに出す。

天若日子に「あなたを葦原中国に使わせたのは、その国の荒ぶる神等（荒振神等）を、ことばの力をもって平定するためである。なのになぜ八年も報告しないのか」と伝えなさい、と。

ところがアメノワカヒコは、この使いであるキジを弓矢で射殺してしまう。このキジを射ぬいた弓矢が天界のアマテラスのもとにまで達する。その弓矢が、アメノワカヒコのものだと知ったタカミムスヒは、こんどはその弓を地上界へと突き返す。すると、寝ていたアメノワカヒコの胸に当たり、死んでしまう。

これは、遷却祟神の祝詞にある、「またつぎに派遣した天若彦も復命せず、高い所を飛ぶ鳥の災いによって、身を滅ぼした」に相当するであろう。そして大祓の祝詞にある、国つ罪の「高つ鳥の災」にも。

では『日本書紀』(2)は、どのようにいうのだろう。

アマテラスの御子とタカミムスヒの娘の結婚、そして二人の間にニニギノミコトが産まれたことからその神話ははじまる。タカミムスヒはこの孫を特別にかわいがり、葦原中国の君主にしようと思う。そこでつぎのように地上界が語られる。

その地には蛍火がかがやくように、また蠅のようにこうるさい邪神たちがいるし、また植物である草も木もことごとく霊をもち、ものを言って人をおびやかすありさまである、そこで高皇産霊尊は八十諸神を召集して尋ねられるには、「私は葦原中国のよこしまな鬼どもを平らげさせようと思うのだが、誰を派遣したらよいのだろう」。

この表現は、出雲国造神賀詞の「豊葦原瑞穂国は、昼は五月の蠅が騒がしく沸き返り、夜は瓶のなかで燃やす火のように光る神がいる。大きい岩や樹木、青い水まで物を言って、荒ぶる国である」が一番近いだろうか。

しかしここに荒ぶる神という表現はない。それに相当するのが「よこしまな鬼ども」である。本書は、宮中のいう妖怪とは、荒ぶる神のことではないか、と推測しているが、であるならそれは鬼でもいいわけだ。いやむしろその方がよりふさわしいのかもしれない。なぜなら今の私たちからすれば、妖怪の代表格が鬼だからだ。

そしてつぎに派遣されたのがアマノホヒ。だが、やはりオホクニヌシ（大己貴神）になびいて、三年経っても報告がない。その子のタケミクマノウシも派遣されるが、やはり復命しなかった。そこでアメノワカヒコが天降る。アマテラスはつぎのように命じた。

豊葦原中国はわが御子が君主たるべき国である。しかし暴悪な邪神たちがいる様子だから、おまえがまず行って平定せよ。

ここで荒ぶる神に相当するのは、「暴悪な邪神たち」となる。

ところがアメノワカヒコは、オホクニヌシの娘と結婚し、地上界を支配しようとする。そして『古事記』同様に、「高つ鳥の災」の返し矢で亡くなる。

派遣された神々の名に、アマノホヒとその子のタケミクマノウシが出てくるのは、遷却祟神の「こうして天穂日之命を天降らしたが、この神は地上に留まって復命しなかった。つぎに遣わした健三熊之命も父と同じく復命しなかった」に類似する。

また一書の六に「葦原中国は磐の根、木の根、草の葉もものを言うし、夜は火の子がとぶようにうるさく、昼は五月蠅のようにわきあがる野蛮な国である」と表現されるのも、先にあげた出雲国造神賀詞に似ている。

このように『日本書紀』には、荒ぶる神という表現は出てこない。が、宮中が考えた妖怪とは何かという点からいえば、「よこしまな鬼」「暴悪な邪神」は、よりふさわしいのかもしれない。また「蛍火がかがやくように、また蠅のようにこうるさい邪神たちがいるし、また植物である草も木もことごとく霊をもち、ものを言って人をおびやかす」は、祝詞にも継承されていることが明らかとなった。

ちなみに『古事記』は、和銅五年（七一二）に完成、現在は無い『天皇記』・『国記』の流れをくむ旧時代の歴史と考えられている。それに対して『日本書紀』は、中国の歴史書（たとえば『漢書』「紀・志・伝」）にならい『日本書』として編纂。完成は養老四年（七二〇）、紀のみ完成したと考えられている[3]。

（2）根の国底の国の主宰者スサノヲ

さて、この平定された荒ぶる神々は、どこへと追いやられたのだろう。先住民であるオホクニヌシの勢力が荒ぶる神々だとするなら、コトシロヌシは隠れ、タケミナカタは信濃国の諏訪湖に、オホクニヌシは出雲国の多藝志の小濱の御殿へと向った、と国譲り神話は語る。

遷却崇神によると、宮中に入ってしまった荒ぶる神は、遠く四方を見渡すことのできる山や川の清らかな所に遷される。出雲国造神賀詞は、オホクニヌシ（大穴持命）は自己の和魂を倭の大物主として三輪山に、その子であるアヂスキタカヒコネを葛木の鴨に、そしてコトシロヌシを宇奈堤に、カヤナルミを飛鳥にと、天皇を取り囲む守り神として、自身は出雲の杵築（出雲大社）に鎮まった、とある。

ところが大祓の祝詞は、地上界だけでなく、地下世界をもその神話的世界観に取り込んでいる。地上界の人々の犯した罪を、高天原からの水流が、最終的には根の国底の国へと追いやる、とあるからだ。そしてそこで天つ罪・国つ罪は浄化される、としているが、この根の国底の国は、記紀神話ではどのように描かれているのだろう。

『古事記』は、黄泉の国から逃れたイザナキが、水中で身の穢れを祓ったあと、左目からアマテラスを、右目からツクヨミを、鼻からスサノヲを生む。イザナキはアマテラスに高天原を、ツクヨミに夜の世界を、スサノヲには、

「汝は、海原を知らせ」。速須佐之男命は命じられた国を治めず、長い顎髭が胸元に至るまで泣いた。その鳴き声は青山を枯山にし、河海はことごとく泣き乾し、悪しき神の声は蝿のごとく満ち、

万物の妖が起こった。「僕は母の国根の堅州国に向かおうと思う。故に、泣いているのだ」と、スサノヲが根の国（根の堅州国）へと向かおうとする。その理由は母であるイザナミが火の神を生んだ時にやけどを負い、黄泉の国へと去ってしまったからである。スサノヲの鳴き声が、青山を枯れ山にし、悪しき神の声は蠅のごとく満ち、妖（災い）が起こった、との表現は、これまで見てきたまさに荒ぶる神の姿と一致する。

『日本書紀』においては、同様に天下の主宰神の誕生の由来を語る「三貴子誕生神話」で、根の国が語られる。ここでもアマテラスに天界が授けられ、ツクヨミにも天界が与えられる。そしてスサノヲが生まれる。

この神は勇敢でしかも残忍な性格をもっておられた。また、いつも泣きわめくのが仕事であった。このために国内の人民は多く早死にし、また青山は枯山に変わってしまった。そこで両親の神は素戔嗚尊に向かって、「おまえははなはだ無道である。だからこの宇宙を主宰してはならない。かならず遠い根国に行ってしまえ」と仰せられて、追放されてしまった。

ここでもスサノヲは泣きわめき、そのために人は多く死に、青山は枯れ山となる。そして遠い根国へと追放される。青山が枯山になる、とは何を意味するのであろう。それは雨が降らない、あるいは今でいう台風で木々が倒され枯れ山となる状況を指すのだろう。そしてその結果、飢饉が起こり、多くの人が疫病で死ぬ。そのような循環が想起されるのは、『続日本紀』の「宮中で頻りに妖怪が有ったので、大祓を行った」の前後の記事と同じである。

そしてスサノヲは根の国へと向かうのだが、その前に高天原のアマテラスに挨拶に向かう。そのときの様子を『古事記』は、「天に昇る時、山川ことごとく荒れ、国土は皆振動した」と記し、『日本書紀』は、「大海原はとどろき荒れくるい、山も岳もために鳴り咆えた」と、まさに大型の台風を指し示している。

さらにスサノヲは、高天原で騒動を起こす。『古事記』は「天照大御神の田の畦を壊し、その溝を埋め、収穫祭を行う殿に屎をまき散らした。さらに機織りをする殿の屋根を破壊し、天のまだらの馬の皮を逆剥ぎにして投げ入れた」とスサノヲの悪行をあげつらう。『日本書紀』は、「春に一度種をまいた田にもう一度種をまき、田の畦をこわし、秋の収穫前に田に馬を放牧し、耕作や収穫の妨害をした。さらにアマテラスの新嘗祭の御殿に屎をし、馬の皮を逆剥ぎにして御殿に投げ入れた」と。

このスサノヲの行為は、まさに前章で紹介した、大祓の祝詞にある天つ罪、畦放ち（田のあぜをこわす罪）・溝埋め（田に水を流す溝を埋める罪）・頻蒔（穀物の種をまいてある上へ重ねてまいて、成長を妨げる罪）・逆剥ぎ（家畜の皮を尾の方からさかさまに剥ぐ罪）・屎戸（肥料の屎にのろいをかけて、農耕の妨害をする罪）に相当する。

その結果、アマテラスは天の岩屋に入ってしまう。アマテラスが太陽であるのなら、それはまさに天候不順を意味する。稲は育たつまい。『古事記』はアマテラスが岩戸から出てきた時、「高天原も葦原中国も、照らされ明るくなった」とある。そしてスサノヲは、神々によって根の国へと祓われるのであった。

このように記紀神話では、スサノヲこそが荒ぶる神の正体なのだ。そして天候不順、稲作の妨害と反稲作的要素、つまり稲作以前の狩猟採集民的性格を有しているのだ。日本の稲作文化は動物の殺害と血を最たる穢れと認識したとされる(4)。スサノヲの行為はまさに日本的稲作文化にとっての、象徴的穢れ行為だったのだ。

その後スサノヲは、出雲国で八岐大蛇《やまたのおろち》を退治し、オホクニヌシを生む。つまりオホクニヌシ勢力の親神でもあったのだ。ところが『出雲国風土記』では、スサノヲは乱暴な神として描かれていない。出雲族の神でもあったのだろう。

つまりスサノヲこそが、天孫降臨前の先住民の象徴、荒ぶる神であり、根の国底の国の主宰者でもあったのだ。

（3）『常陸国風土記』の夜刀の神

ながらく旅をしていなかったので、ここで少し外に出てみよう。

大祓の祝詞には、「そして荒ぶる神々を平定し、さわがしくものを言っていた岩石や樹木や草の葉までを黙らせた後に、天の磐座を放ち、天皇を天降らせた」とある。天孫降臨とは、ここまで述べてきた先住民の支配と、もう一つは自然の支配でもあったのだ。

ここでいう自然の支配とは、いままでの文脈でいえば、おそらく稲作を意味していたのだろう。なぜなら、他の作物と違って、稲作を実現するには、雨水を溜、水路を作り、水をプール、つまり水田を作らなければならないからだ。川や池から水を引き、土地を水平に整え、畦をつくり、水をため、そして排水をするのには技術がいる。つまり大規模な土木工事が不可欠だったのだ。そのことを「さわがしくものを言っていた岩石や樹木や草の葉までを黙らせた」と表現したのだろう。

そのことを思わせる物語が、『常陸国風土記』の行方郡の記事にある。見てみよう。

古老の言うには、石村玉穂の宮で日本国を統治なさった天皇（継体）の御世に、矢筈の氏の麻多智という人がいた。郡役所の西にあたる谷の葦原を、開墾して新田を造成した。この時、夜刀の神が群れをなし引き連れて、一匹のこらずやって来た。あちこちとなく妨害をし、田の耕作をさせなかった。土地の人の言うには、蛇のことを夜刀の神という。その形は蛇の身で頭に角がある。一族を蛇の災難より逃れさせようとするとき、振り返って蛇を見る人がいると一族を破滅させ、子孫が絶える。おしなべて、郡役所の傍の野原にははなはだたくさん棲んでいる。そこで麻多智はたいそう怒りの心情が迫ってきたところで、境界の標識として杖を堀に立て、夜刀の神に宣告して言った、「ここから上は神の土地とすることを許そう。ここから下は人が田を耕作する。今から後、自分が神を祀る司祭者となって、永久に敬い祭ってやろう。どうか祟らないでくれ、恨まないでくれ。」といって、社を定めて初めて夜刀の神を祭ったという。また神田十町あまりを開墾して、麻多智の子孫がつぎつぎと受け継いで祭を行い、現在まで絶えることがない。その後、難波長柄豊前の大宮で天下を統治なさった天皇（孝徳天皇）の御世におよんで、壬生連麿が初めてその谷に立入禁止の標示をして、池の堤を築かせた。その時、夜刀の神が池の辺りの椎の樹に上り集まっていつまでも退去しない。そこで麿は大声をあげて叫び、「この池の堤を修築させたのは、要するに民を生活させるためである。どこのなんという名の神が、天皇の威徳に不服だというのか」といった。工事に働く民に命じて言うには、「目に見えるいろいろな物は、魚類・虫類となく気がねしたり恐れたりすることなく、すべて打ち殺せ」と言い終わると同時に、神蛇は逃げ隠れたのである。ここにいわれるその池は、今は椎井の池と名がついている。池の西側の椎の根株のあったところから清水が湧いている。その井に因んで池の名とした。ここは香島に行く陸路の駅馬の公路にあたっている（5）。

まさに水田の開墾、そしてそれを妨害する夜刀《やと》の神、あるいは溜め池の築堤に際する、魚類・虫類の征服の物語である。

開墾者は祟る夜刀の神を「ここから上は神の土地とすることを許そう。ここから下は人が田を耕作する。今から後、自分が神を祀る司祭者となって、永久に敬い祭ってやろう。どうか祟らないでくれ、恨まないでくれ」といって、高い所に社を定めてこの祟り神を祭ったという。

遷却祟神の祝詞を思い出して欲しい。それは「その御殿の内におられる尊い神々は、荒ぶったり、猛々しい振る舞いをされたりすることなく、高天原に始まったこの祭事の趣旨を、神であるがままによくお知りになって、祟る神のお心をいさぎよくお直しになって、この場所よりは、遠く四方を見渡すことのできる山や川の清らかな所にお遷りになって、そこを自分の場所として御領有なさって下さい」というものだったが、まさに夜刀の神は、この作法によって祭られたことになる。

図1は、夜刀の神を祭る愛宕神社（図2）と、

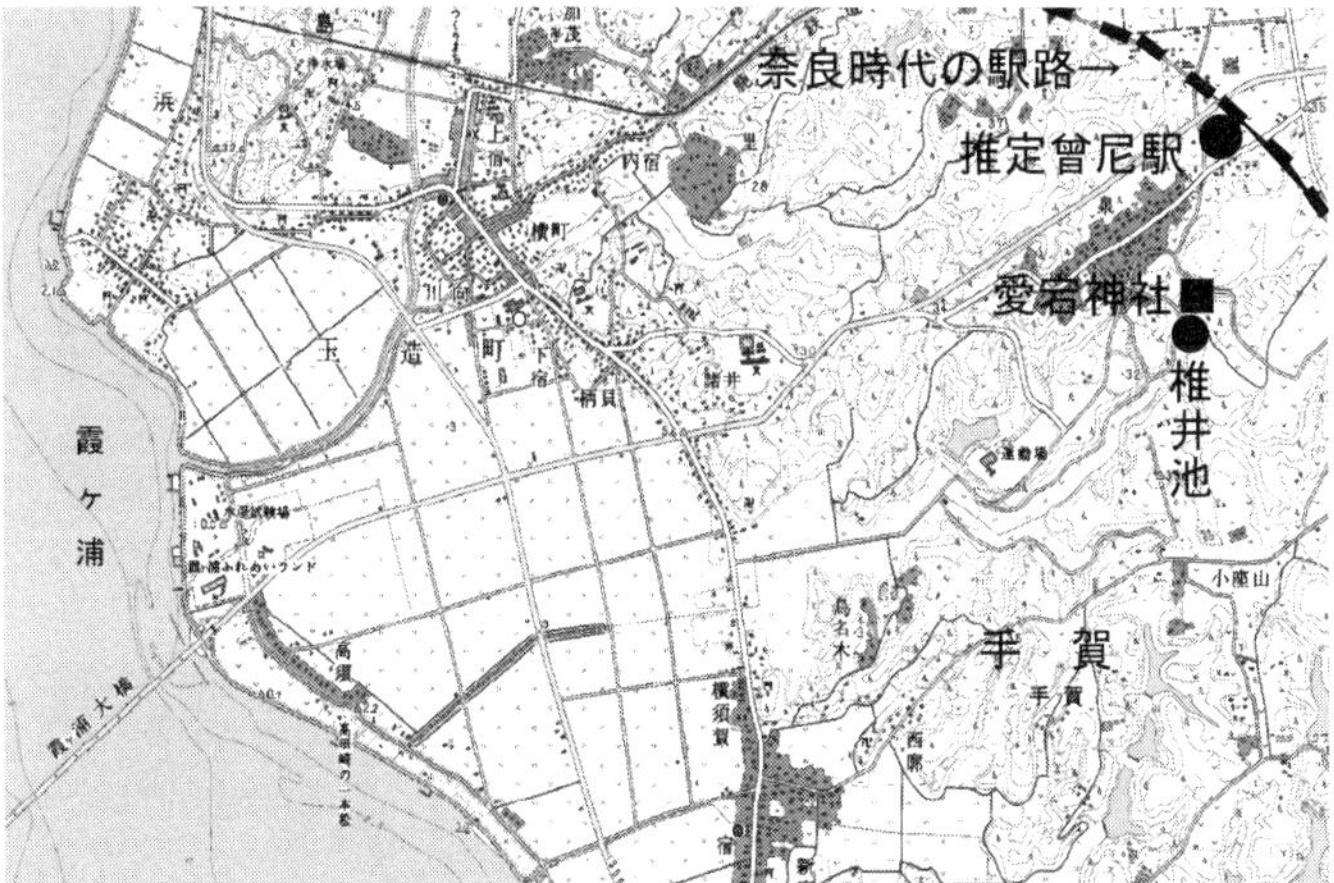

図1　夜刀の神の伝承地，愛宕神社と椎井池
駅路・駅家については，島方洸一他編『地図でみる東日本の古代』平凡社，2012，157頁を参照した．

図 2　愛宕神社境内にある夜刀神社
佐々木撮影.

図 3　椎井池
佐々木撮影.

椎井池（図3）の位置を示した地図である。その西南方向に伸びる谷が水田として開発された場所であろう。夜刀とはヤツ、つまり谷のことを意味する。この谷の神ということになろう。

西に霞ヶ浦が見えているが、かつてはもっと広く、この谷にまで迫ってきていた(6)。したがって奈良時代の駅路は、内陸側を走っていた（図1）。つまりこの細い谷（図4）でしか、米ができなかった地域なのである。

『常陸国風土記』の行方郡の記事を見ると、この周辺には先住民が住んでいたとある。夜刀の神の前の記事である。

郡役所から西北に堤賀の里がある。ずっと昔佐伯が住んでいた。名を手鹿という。その人がそこを住居とした。後になって里にその名をつけた。その里の北に香嶋神子神社がある。社の周辺の山野は土壌が肥沃で、草木は椎・栗・竹・茅の類がたくさん生えている。ここから北のほうに曾根の村。ここにも遠い昔佐伯がいた。名を曾禰毗古という。その名を取って村の名に着けた。今駅家を置いている。これを曾尼という。

図4　ドローンで撮影した夜刀の神の谷と霞ヶ浦
西本和希撮影.

佐伯とは先住民のことである(7)。提賀とは図1の手賀を指す。駅家の曾尼は愛宕神社のすぐ北に推定されている。つまりこの周辺は、先住民が住む地域だったのだ。

日本列島の権力が及ぶ隅々まで、水田化を進める大和朝廷と、それによって排除され抵抗する人々の姿が、このような荒ぶる神、夜刀の神として、神話的世界観を反映した物語に見え隠れするのである。そして遷却崇神の祝詞にあったように、彼らは周辺の山に祭られるのであった。

ちなみに『常陸国風土記』の成立は、風土記の編纂命令が諸国に出された、元明天皇の和銅六年(七一三)から、元正天皇の霊亀三年(七一七)の間とされる(8)。

注

(1)『古事記』については、以下の文献を参照した。倉野憲司校注『古事記』岩波書店、一九六三。三浦祐之『口語訳古事記[完全版]』文藝春秋、二〇〇二。
(2)『日本書紀』については、以下の文献を参照した。井上光貞監訳『日本書紀 上』中央公論社、一九八七。
(3)詳しくは、三浦祐之『古事記のひみつ―歴史書の成立』吉川弘文館、二〇〇七を参照。
(4)原田信男『神と肉―日本の動物供儀』平凡社、二〇一四。
(5)中村啓信監修・訳注『風土記 上』角川書店、二〇一五、七六～七七頁。
(6)袁靖「『常陸国風土記』の自然環境」、茂木雅博編『風土記の考古学1『常陸国風土記』の巻』同成社、一九九四、二三三～二三四頁。
(7)「風土記」の語句の解釈については、秋本吉郎校注『風土記』岩波書店、一九五八、植垣節也校注『風土記』小学館、一九九七を参照。
(8)「風土記」の時代背景については、三浦祐之『風土記の世界』岩波書店、二〇一六を参照。

5　もう一つの荒ぶる神

（1）ヤマトタケル説話

宮中のいう妖怪とは、祝詞や記紀神話、風土記などを見ていると、荒ぶる神が一番近い存在なのではないか、ということをここまで述べてきた。具体的にいうとオホクニヌシなどの国神、そしてその親神であるスサノヲのことではないかと。実はオホクニヌシやスサノヲに似た人物が、天皇家の内部にもいる。

ヤマトタケルである。そしてこのヤマトタケル説話にも、やはり荒ぶる神がつきまとう。『古事記』を見てみよう。景行天皇の御子たちが紹介されるなかで、ヤマトタケルはつぎのように記される。

> 小碓命は、東西の荒ぶる神（荒神）、そして従わぬ人どもを平らげた。

この小碓命が後にヤマトタケルを名乗ることになる。

さて、そのきっかけとなる事件が、ある日起こる。この小碓命は父景行天皇から、最近、朝夕の会食

に兄の大碓命が出てこないので、おまえが行って、懇ろに諭してこい、と命じられる。五日経っても兄が出てこないので、天皇は小碓命に「兄はどうしたのか」とたずねると、「とっくに懇ろにしました」と答えた。景行天皇が「どのように懇ろにしたのか」とたずねると、小碓命は「夜明けに、兄が厠に入る時、待って捕らえて、掴み潰し、その手と足を引きちぎり、薦に包んで投げ捨てました」と答えた。

景行天皇は、その御子の猛々しく荒々しい性格を恐れて、つぎのようにいった。

西の方に熊曾健が二人いる。これらは従わぬ不敬反逆の者どもである。ゆえに彼らを殺せ。

つまり天皇は小碓命の凶暴な性格を恐れて、宮中から遠くへと追放したのである。小碓命は命じられた通り、クマソタケルの国に女装して侵入する。うまくタケル兄弟を騙して、まずは兄のタケルを短刺し、逃げた弟を追いかけて押し倒す。その時、弟はこの女装した少年に名をたずねる。少年は天皇の御子で「倭男具那王」だと名乗る。するとクマソタケルは、私たちの勇猛な名を、おまえに授けようといって息絶える。それ以後、小碓命はヤマトタケルと名乗ったという。

そして帰還の途上でヤマトタケルは、山の神、河の神、海峡の神を平定している。これまでの文脈でいえば、荒振神々の平定といっていいだろう。そのうえ出雲国に立ち寄り、今度はイズモタケルをも殺そうとする。しかも友達と偽って殺すのである。そして詩まで詠んでいる。まさに荒ぶる命である。

宮中に帰還し事の次第を奏上すると、景行天皇はすぐさま、つぎのように命じた。

東の方、十あまり二つの道の荒ぶる神（十二道之荒夫琉神）と、従おうとしない人どもを平らげよ。

ここでまたヤマトタケルは、宮中から追放されたのである。つまり祓われたのだ。ここで道の荒ぶる神という名が現れたのを、よく覚えておきたい。

ここからヤマトタケルの東征がはじまる。まずは伊勢神宮へと立ち寄る。そこで叔母で斎宮のヤマトヒメにつぎのように胸の内を語る。

天皇は、もう私など死んでしまえと思っているのでしょうか。帰還してまだ時も経ていないのにもかかわらず、また私に軍勢を与えもせず東の十二道の悪しき人たちを平らげよと命じられた。思うに天皇は、私など死んだ方がいいと考えておられるのではないでしょうか。

このように泣いていると、ヤマトヒメはヤマトタケルに草薙剣《くさなぎのつるぎ》を与え、また一つの袋を授け「何かあれば、この袋の口を開きなさい」といった。このヤマトタケルの述懐は、『日本書紀』にはない。

その後、伊勢から尾張の国に至ったヤマトタケルは、尾張の国造の祖、ミヤズヒメと契り定めて東の国へと出かけてゆき、

道々に出遭うた山や河の荒ぶる神（山河荒神）と、従わぬ人どもを平らげていった

のであった。先のクマソタケル殺害の後と違って、ここではっきりと山や河の荒ぶる神と記している。

そして相模の国に達すると、その国造が「この野にある沼に住む神は、たいへん道速振神です」とい

う。ヤマトタケルがその神を見ようと野に入ると、相模国造は野に火を付けてヤマトタケルを焼き殺そうとする。ヤマトタケルは叔母にもらった袋を開け、火打ち石を取り出し、草薙剣でまわりの草を切り開き、向かい火を炊いて脱出した。これは焼き畑で行われる延焼を防ぐ方法である。稲作以前の農業の技術である。稲作以前の先住民の文化をほのめかしているのだろうか。そして国造らを焼き殺す。そこを現在、焼津という。

ここで思い出すのは、オホクニヌシが根の堅州の国で、同じ目に遭っていることである。そして草薙剣については、スサノヲとの類似性を思わざるを得ない。やはり彼らは荒振神なのである。

浦賀水道を渡り房総半島へ到達した後、さらに奥に分け入り、

行き逢うごとに荒ぶる（荒夫琉）蝦夷どもを言向け、また、山や河の荒ぶる神（荒神）どもを平らげた。

ここで荒ぶる蝦夷が登場する。まさに先住民、『常陸国風土記』でいう佐伯であろうか。常陸国はもう目の前である。そして帰還の途上、足柄峠で白い鹿に姿を変えた坂の神を殺害し、その坂で「吾妻よ！」と三度もさけんだとされる。浦賀水道で亡くなった妻のことを嘆いたのであった。それで足柄峠より東を、アズマと呼ぶようになった。

甲斐国から信濃国を超え、はたまた坂の神を平定し、尾張国に到達し、先のミヤズヒメと結婚する。ところが、このミヤズヒメのところに草薙剣を置いて、伊吹の山の神を平らげに行く。伊吹山にも荒ぶる神がいたことになる。

伊吹山に登りはじめると、牛のような大きさの白い猪に遭遇する。その猪を神の使いと見誤ったヤマ

トタケルは、大氷雨にあい惑わされる。この白い猪が伊吹の荒ぶる神だったのだ。『日本書紀』は、この伊吹の神を大蛇としている。

その後、倭に向かう途中で病が重くなり伊勢国の能褒野で死去する。死後、倭からかけつけた后や御子たちが御陵を造って葬った（図1）。

そしてその魂は、白い鳥となって天に飛翔し河内の志磯へ鎮まった。そこで白鳥の御陵を造ったが、ヤマトタケルの魂は、そこに留まることなく、白い鳥となって高く天へと昇っていった。

このように神話的言説は、ここでも各地の現実空間（焼津やアズマ）や行為実践（墓の造営と祭祀）、施設やモノ（熱田神宮と草薙剣）などと結びつく。

図1　三重県亀山市のヤマトタケルの能褒野の墓
佐々木撮影.

（2）国神との接点

このようにヤマトタケルは、荒ぶる性質を多分にもっていた。そのことが、荒ぶる神を平定する仕事と、どこかでリンクしているようだ。

これまで紹介してきた祝詞の、「荒ぶる神々を平定し、さわがしくものを言っていた岩石や樹木や草の葉までを黙らせた後に、天の磐座を放ち、天皇を天降らせた」とは、現実的にいえば、先住民を荒ぶる神と呼び、征服したのが天皇家だ、ということになると述べてきた。具体的にいえば、それは天皇家が地上界を支配する前に支配者であったと語られる、オホクニヌシを中心とする勢力であったろう。

このヤマトタケルは、そのオホクニヌシとも似ているところがある。これは『古事記』の神話である。オホクニヌシの神話は兄弟である八十神との、因幡のヤガミヒメをめぐる対立から始まる。ここで挿入されるのが因幡の白ウサギの話である。オホクニヌシに助けられた、皮を剥がれた白ウサギは、ヤガミヒメが夫に選ぶのはオホクニヌシだと予言する。八十神がヤガミヒメに妻問いすると、その通りヒメは、オホクニヌシの妻になると答える。

嫉妬した八十神は、オホクニヌシを罠にはめ殺害する。ところが母神が、高天原へ昇りカムムスヒに願い、オホクニヌシを再生させる。この殺害と再生が二度繰り返される。この兄弟殺しもヤマトタケルと似ている。また赤い大猪（実は焼けた大岩）に殺されるのも、似ているといえるのかもしれない。

母神の助言で、オホクニヌシはスサノヲの根の堅州の国へと逃れる。大祓の祝詞でいえば、根の国底の国に流されたのである。ところがそこでオホクニヌシは、スサノヲの娘スセリビメと恋に落ちる。オホクニヌシもスサノヲの子であるから、この結婚は兄妹婚ということになる。いわゆるインセスト・タブーであり、大祓の祝詞で語られる国つ罪となる。ちなみに生きた動物の皮を剥ぐことも生剥ぎといい、天つ罪に入る。白ウサギについては、スサノヲがしたことではないが。

そこでスサノヲによる試練がオホクニヌシに与えられる。まず蛇の室に寝かされるが、スセリビメの助言で切り抜ける。つぎに百足と蜂の室に寝かされるが、これもスセリビメの助言で切り抜ける。そしてあのヤマトタケルが相模国造に野で焼かれそうになったのと同様に、焼け野からの脱出が語られるのだ。そしてオホクニヌシは、もう一つの試練を乗り越えた後、スサノヲが寝ている隙に、宝物である生太刀・生弓矢・天の詔琴を持って、スセリビメと根の堅州の国から脱出するのだった。

黄泉の国と地上世界の境にある、黄泉比良坂（図2）まで来ると、スサノヲが追いかけてきて、つぎのようにオホクニヌシに呼びかけた。

　その、お前の持っている生太刀と生弓矢とをもって、腹違いの兄弟どもを、坂の尾根まで追い伏せ、また河の瀬までも追い払い、おのれが葦原中国を支配して大国主神となり、また、宇都志國玉神ともなり、そのわが娘須世理毘賣を正妻として、宇迦の山のふもとの、深い底の磐根に宮柱を太々と立て、高天原に向かって高々と聳やかして住め、この奴。

図2　島根県松江市にある黄泉比良坂
佐々木撮影.

オホクニヌシは、いわれたとおり八十神を追い払い、葦原の中つ国を統治し、はじめて国を作ることに成功した。その後、因幡のヤガミヒメと結婚するが、スセリビメの嫉妬を恐れ二人の間に生まれた子を因幡に帰す。オホクニヌシはさらに高志（越）の国のヌナカハヒメと結婚する。またもやスセリビメの嫉妬にあったオホクニヌシは、倭へ逃れようとするが、スセリビメと仲直りする。

このようにオホクニヌシの国作りは進展していった。その頃、出雲の美保の岬に船に乗って、海上から蛾の皮を被ったスクナビコナが現れ、共に国作りを推進することになるが、突然スクナビコナが常世の国に旅立ってしまう。一人で途方に暮れていると、海を輝き渡ってくる神があった。その神は私を祭れば国作りに協力しよう、といった。オホクニヌシがどのようにあなたを祭ればいいのか、と聞くと、倭の青垣の東の山の上に祀ればよい、と答えた。それで今の三輪山（図3）にこの神を祭った。そしてオホクニヌシの国作りが完成する。

『古事記』では、この神の正体は明かされないが、『日本書紀』においては、その神はオホクニヌシの幸魂奇魂だと告げる。幸魂はプラスのイメージがあるが、奇魂は何を意味するのだろう。奇には怪しいイメージがある。そして『古事記』同様に三輪山に祭られる。

このようにオホクニヌシは、地上界から地下世界へと流され、浄化した後に再び地上界へと戻り、そしてその魂が三輪山に祭られたのである。

図3　奈良県桜井市の三輪山
佐々木撮影.

何かに似ている。私はこの奇の魂から、あの遷却祟神の祝詞を思い出すのである。「その御殿の内におられる尊い神々は、荒ぶったり、猛々しい振る舞いをされたりすることなく、高天原に始まったこの祭事の趣旨を、神であるがままによくお知りになって、祟る神のお心をいさぎよくお直しになって、この場所よりは、遠く四方を見渡すことのできる山や川の清らかな所にお遷りになって、そこを自分の場所として御領有なさって下さい」。

この神は三輪山へと遷却さたのではないか。その証拠にこの神は、崇神天皇の時に、崇り神となるのであった。

崇神天皇の御世に、疫病が多く起こって、人びとが死に尽きてしまいそうになった。天皇は憂い嘆いて、夢に神の教えを聞こうとして、忌み清めた床に座していると、大物主大神が御夢に顕れてつぎのようにいった。「これはわが御心であるぞ。意富多多泥古をもって、わが御前を祭らせれば、神の気は起こらず、国は安らかに平かになる」と。

『古事記』だけでなく、『日本書紀』にも、崇神天皇の時代に、疫病が流行したとある。崇神はその解決策を得るべく、夢占いをする。

当時の天皇は、シャーマン的性格を持ち合わせており、このようにしばしば夢占いをしている。その夢占いに出て来たのが、ホホモノヌシ（大物主大神）であったのだ。大物主神はオホタタネコ（意富多多泥古）を探し出し、私を祭れと命ずる。そこで崇神天皇は、四方に人を遣わして、このオホタタネコを河内の美努村（現在の大阪府八尾市辺り。『日本書紀』では陶邑とある）に探し出し、その出生を確認したところ、オホタタネコがオオモノヌシの子孫、つまり神の御子であることが判明したのである。喜んだ崇神は、オホタタネコを神主にし、三輪山を祀った。そうすると、疫病は消え、国は安らかに平らかになったのであった。

この疫病を流行させた神は、三輪山に鎮座する神、オホクニヌシの幸魂奇魂である、オホモノヌシであったのだ。オホクニヌシの国作り神話において三輪山に祭られた時は、幸魂であったのかもしれない。

が崇神天皇の頃に荒振神となり祟り始め疫病を蔓延させ、遷却されたのかもしれない。ちなみに出雲国造神賀詞は、オホクニヌシ（大穴持命）は自己の和魂を倭の大物主として三輪山に鎮座させたとする。

ヤマトタケルの父、景行天皇は纏向の日代宮に座したとある。それは三輪山の麓に都を置くということである。つまりオホモノヌシを信仰していたのである。つまり国神であるオホクニヌシの魂を。それは後の天皇家からすれば、先住民に属することを意味するのだった。

『日本書紀』雄略天皇七年に、三輪山の神を捕らえたところ大蛇であった、という記事がある。雄略天皇は、崇神からすれば十二代、景行からすれば十代後の天皇である。その頃になるとこの神は、まさに夜刀の神のイメージそのものなのであった。

（3）スサノヲとの共通点

前章で私は、『古事記』や『日本書紀』のスサノヲの描写、そして大祓の祝詞での天つ罪と、高天原での彼の悪行との一致から、スサノヲこそが、天孫降臨前の先住民の象徴、荒ぶる神であり、根の国底の国の主宰者でもあったのでは、と考えた。

荒ぶる神の原点とでもいうべき、このスサノヲのことを『日本書紀』は、「この神は勇敢でしかも残忍な性格をもっておられた」とする。これまで紹介してきたように、まさにヤマトタケルも同じ性格をもっていた。が、スサノヲとヤマトタケルの共通項は、なんといっても草薙剣にあろう。

草薙剣は、スサノヲのヤマタノヲロチ退治の際に、その尾から取り出された剣である。『古事記』を見てみよう。高天原でのスサノヲの悪行が原因で、アマテラスは天の岩戸に隠れてしまう。神々の努力で何とかアマテラスを天の岩戸より引き出すことに成功した後に、八百万の神々はその原因となったスサノヲに、罪穢れを祓うための多くの品々を出させ、髭と手足の爪を切らせたうえで、追放した。

この後、スサノヲに殺された、女神オホゲツヒメの死体から穀物が誕生する神話、五穀の起源が語られる。そしてスサノヲは出雲国の肥の河上、鳥髪という地に降り立つのであった。肥の河とは、現在の斐伊川《ひいがわ》、鳥髪とは鳥取県との県境にある斐伊川の源流、鳥上山のこととされる。

スサノヲがこの地に降り立った時、この川の上流から箸が流れてきた。スサノヲは、川上に人がいると判断し訪ねることとする。するとそこに、泣きくれている老夫婦と娘がいた。その訳を尋ねると老夫婦は、彼らが国神オホヤマツミの子であること、そして娘の名をクシナダヒメといい、高志のヤマタノヲロチがやってきて娘を食べるのだ、と語った。スサノヲがそのヲロチの姿を問うと、老人は答えた。「ヲロチの目は赤く、身体が一つで頭が八つ尾も八つ、その大きさは、八つの谷と八つ山の尾根ほどあり、腹には常に血がたれている」と。

スサノヲは、その娘をもらうことを条件に、ヲロチの退治を申し出る。そして八度も繰り返して醸造したヤシオリの酒を造り（図4）、ヲロチが来るのを待つ。その酒を飲み乾し酔って動けなくなったヤマタノヲロチを、スサノヲは切り刻んだのであった。その血は斐伊川を赤く染めた。

そしてヲロチの中の尾を切った時に出てきたのが、草薙

図4　島根県出雲市木次町に伝承されるヤシオリの酒を醸造した釜
佐々木撮影.

剣だったのである。この剣はアマテラスに献上される。その後スサノヲは、クシナダヒメと出雲の須賀というところに宮を造って住んだ。須賀とは、現在の島根県雲南市大東町須賀とされる。そして生まれたのが、あのオホクニヌシだったのだ。

このスサノヲから献上された草薙剣を、アマテラスはホノニニギに授け、三種の神器として天孫降臨に際して地上界へと戻した。そしてその剣は、前々節で見たように、ヤマトタケルの東征にあたって、叔母で伊勢神宮の斎宮であるヤマトヒメより与えられたのであった。そしてその剣は、あの相模国造の野焼きにを脱出するに際して、草を刈ったことから草薙剣と名付けらる。その後この剣はヤマトタケルの伊吹の神退治の際に、尾張国造の祖であるミヤズヒメに預けられることになる。いまこの剣が、熱田神宮にあるのは、このためである。

もう一つの共通点は、記紀神話と風土記との描写の差異にある。

例えば、『出雲国風土記』(1)にあるスサノヲの記述は、決して荒ぶる神ではなく、一貫して穏やかに描かれる。

安来郷　郡家の東北二十七里一百八十歩の所。神須佐乃袁命が、国土のはてまでめぐられた。そのとき、ここに来られておっしゃられた。私の御心は安らかになった。だから安来という。

佐世郷　郡家の正東九里二百歩の所。古老が伝えていうには、須佐能袁命が佐世の木の葉を髪飾りにして踊られた時、挿していた佐世の木が地面に落ちた。だから佐世という。

御室山　郡家の東北十九里百八十歩の所。神須佐乃乎命が御室をお造りになって宿った所である。だから、御室といった。

とこのように穏やかで荒ぶる様子はない。そしてヤマタノヲロチを退治する伝承も見られない。ちなみにこの御室山に、図4にあるヤシオリの釜がある。佐世はその山の麓にある。

ヤマトタケルは、『常陸国風土記』(2)に頻繁に登場する。しかも天皇として。そのようすもきわめて穏やかな様子である。

倭武天皇が、東の夷の国を巡り狩をして、新治の県を通過する時、国造の毗那良珠命を遣わして、新に井戸を掘らせたところ、流れる泉が清らかに澄み、たいへんめずらしかった。そこで乗り物を停めて、水をほめて、手を洗った。その時に着物の袖が濡れたので、袖を「ひたす」というところから、この国の名を常陸とした。

この記事の前段には、あの相模国の足柄山の坂から東をアズマと呼ぶ話も出てくる。先にも述べたように、このアズマの由来は、浦賀水道を渡る時に亡くした妻を偲んで「吾妻！」と叫んだとするが、『常陸国風土記』では、その妻であるオトタチバナヒメは健在で、共にのんびりと旅をする様子が語られる。

倭武天皇の后、大橘比売命、倭より降り来て、この地に参りお会いになった。それで安布賀の邑という。

とこのようにほとんどが地名の起源を語る、のんびりとした様子の伝承が多い。もちろんつぎのような先住民を殺害する伝承もある。

古老がいうには、倭武天皇、巡行して、この郷を過ぎた時、名を鳥日子という佐伯がいた。その命に逆らったために、殺された。

なぜ『古事記』『日本書紀』と『出雲国風土記』『常陸国風土記』では、こうも違うのだろう。このような疑問を、地理学的に考えてみるのが、本書の目的の一つである。そこで第1章で述べたアクター・ネットワーク理論から生まれた「関係性の空間」で説明してみよう。それは妖怪文化の空間的要素に注目することでもある。

歴史地理学が、古代日本の交通路を復元した成果に、『延喜式』の「陰陽寮」の儺《おにやらい》、つまり妖怪を追い払う祭礼の項に示された、穢れた悪鬼や疫鬼が住む場所、「東方陸奥。西方遠値嘉。南方土佐。北方佐渡」を加えてみたのが、第1章の図2であった。これは大祓の祝詞がいう、根の国底の国を具現化した言説と見ることができるだろう。

大祓の祝詞では、私たちの罪は、都からこの日本列島の四隅と想定された場所に流されることになる。ところがそれだけでは終わらない。後で詳しく述べるが、同じく『延喜式』の道饗祭の祝詞を見ると、その根の国底の国から荒ぶる物たちが道を伝って、宮中を目指してやってくる世界をも描いているのだ。その物たちを停止させる儀礼を、彼らは「道饗祭《みちあえのまつり》」と呼んだ。

この逆流について私は、第1章の第5節でつぎのように述べた。「それは『古事記』や『日本書紀』、あるいは律令の知が、この交通路を伝って全国に頒布され、人々のその知の実践成果が「風土記」の情報によって逆流したことをも同時に想起させる。ミシェル・フーコーのいうように、知の流通と権力の行使は、人々の行為実践をともなってはじめて実現される」と。

つまり理論的にいえば、この中央の荒ぶる神々は、交通路を伝って日本列島の隅々まで流され、そして清められ穏やかとなり逆流したのであった。それはまさに神話の知と権力の実践を暗示しているのだ。しかしその逆流による荒ぶる神々の浄化は、そう単純ではあるまい。服属という仮面を被った抵抗であった可能性もある。

特にこの出雲と常陸の二カ国は意味深である。出雲はオオクニヌシやスサノヲの国である。つまり天孫降臨前に、地上界を支配していた勢力と考えられるからである。そして常陸は、これから古代律令国家が勢力を拡大しようとする、その東の最前線でもあるわけだ。前者が過去の先住民であるなら、後者は現在の先住民なのだ。その二カ国に、荒ぶる神々を示唆し、類似する登場人物が穏やかに描かれているのである。権力の知が空間を流れる、その方向が違うだけで、その内容も変化するのである。

そのことを確かめるために、さらに巡礼の旅を続けよう。

注

（1）『出雲国風土記』については、島根県古代文化センター編『解説　出雲国風土記』島根県教育委員会、二〇一四を参照した。

（2）『常陸国風土記』については、三浦祐之『風土記の世界』岩波書店、二〇一六を参照した。

6　荒ぶる神とは先住民の抵抗か

（1）神武東征と荒ぶる神

この日本列島の先住民を、征服していった男といえば、神武を外すことはできないだろう。その神武東征の神話にも、荒ぶる神が登場する。『古事記』を見てみよう。

高千穂の宮にいた神武（カムヤマトイハレビコ）は、兄のイツセに東に行くこと、つまり東征を提案する。その案を受け入れた兄と弟は、筑紫、豊国の宇沙（大分県宇佐市）へと向かう。この地では土人（土着民）であるウサツヒコ、ウサツヒメがもてなしてくれる。つぎに筑紫の岡田宮（福岡県遠賀郡芦屋町）で一年、阿岐国（広島県）の多祁理宮に七年、吉備（岡山県）の高島宮で八年を過ごし、速吸門（明石海峡）を通過し、浪速（難波）の渡を経て、青雲の白肩津（『日本書紀』は河内国草香邑青雲白肩之津）に停泊する。

そこで登美（奈良市西部）のナガスネビコの反抗にあい、兄のイツセが怪我を負う。神武は、われわれは日の御子なので、日に向かって戦うのではなく、背に日を負って戦うべきだ、と考え一度は撤退して迂回し、敵の東（後ろ）から攻めようと作戦を立て直す。しかしその途上で神武は兄を失う。南下した神武は熊野で上陸する。ところが神の化身である熊が出現したため、神武も彼の軍も病で倒れてしまう。すると熊野のタカクラジが一振りの太刀を神武に献上する。すると神武はたちどころに正気を取り戻した。そして神武がその太刀を手にした時、

その熊野の荒ぶる神（荒神）は、自ずから皆切り倒されたのだった。

そこで神武はタカクラジに、どこでこの太刀を手に入れたのか、とたずねた。するとタカクラジは「私の夢に、アマテラスの大神とタカギの神が現れて、タケミカヅチに、葦原中国は荒れており、御子たちが困っているので、おまえが天降って助けてくれ、といっている。するとタケミカヅチはこの太刀があればすむことです、と答え、私の家の倉に太刀を下した。そこで朝起きて倉を見てみるとこの太刀がありました」と答えた。

すると神武にもタカギの神の声が聞こえてくる。

天つ神の御子よ。これより奥へ入ってはいけません。荒ぶる神（荒神）が多くいます。今、天より八《や》咫烏《たがらす》を遣わします。八咫烏に導かれて行くのがいいでしょう。

と、このように荒ぶる神が二度も出てくる。ちなみに『日本書紀』では荒ぶる神は出てこないが、「神が毒気を吐く」との表現が、それに相当するだろうか。この文脈でいえば、この荒ぶる神は明らかに先住民の抵抗を意味している。

興味深いのは、荒ぶる神が登場する三つの祝詞（大祓・遷却祟神・出雲国造神賀詞）においても、こ

のタカクラジが見た夢と同じく、天孫降臨前の天降り神話が語られる点である。どうも荒ぶる神が目の前にあらわれた時、この神話を語ることが、宮中の伝統的な対処方法だったのではないか。であるなら、最初に紹介した「宮中で頻りに妖怪が有ったので、大祓を行った」の妖怪と荒ぶる神が、極めて近しい関係にあることがわかる。そして先住民とも。

そしてこの神武に太刀を献上した男タカクラジは、高倉下と表記することから、「高倉は祭祀の場であるから、タカクラジはシャーマンである。夢を見るのも彼がシャーマンであった証(1)」との見解が腑に落ちるのである。なぜなら、祝詞を唱えて荒ぶる神を祓うのは、神官の仕事であるからだ。

この後、神武は八咫烏に導かれて吉野方面へと北上する。そこで魚の漁をする国神ニヘモツノコや、泉から現れた尾の生えた光る国神イヒカ、大きな岩を押し開けて出てきた、やはり尾の生えた国神イハオシワクノコ（吉野の国巣《くず》の祖）などの先住民に遭遇はするが、抵抗は受けていない。

そして宇陀（奈良県宇陀郡）に到着する。そこにはエウカシとオトウカシという兄弟が住んでいた。神武はそこに八咫烏を遣わし、服属か抵抗かの意向を探る。すると兄のエウカシは八咫烏に鏑矢を射る。こうしてエウカシは抵抗に出たが、弟のオトウカシが兄の策略を神武に知らせ、エウカシは討たれる。

忍坂（奈良県桜井市）に到着すると、大きな岩穴に尾の生えた土雲、ヤソタケルが八十も待ち構えていた。そこで神武は彼らを宴会でもてなすふりをして惨殺したのだった。このとき、後を追って天降っていたニギハヤヒが神武の許へと参上し、天つ瑞を奉じてお仕えした。

このように荒ぶる神（荒夫琉神）らを言向け平らげ和らげ、抵抗する人々を退け払って、畝火の白檮原宮に坐して、天下を治めた。

この畝火の白檮原宮《かしはらのみや》とは、現在の奈良県橿原《かしはら》市の大和三山の一つ畝傍山《うねびやま》と、その周辺のことである（図1）。ちなみに『日本書紀』は、この宴会で騙し討ちにした忍坂の土雲のことを、夷《えみし》と呼んでいる。そしてその後、エウカシとオトウカシに類する話があり、最後にニギハヤヒが、神武の兄を殺したナガスネビコを殺害し帰順する話へと続く。

ところが『日本書紀』には、畝傍山の橿原の地に宮殿を造営する前に、土蜘蛛《つちぐも》を退治する話が出てくる。つぎのような容姿として描かれている。

> また高尾張邑にも土蜘蛛がいた。その人となりは、身長が低く、手足が長くて小人に似ている。皇軍は葛のつるで網をつくり、これを覆いかぶせて捕らえて殺した。よってこの邑を葛城というのである。

『古事記』『日本書紀』ともに、ほぼ同じような流れで神武東征が語られている。その流れでいうのであれば、宮を橿原に築く前に出てくる『古事記』の荒ぶる神、そして抵抗する人々が、『日本書紀』の

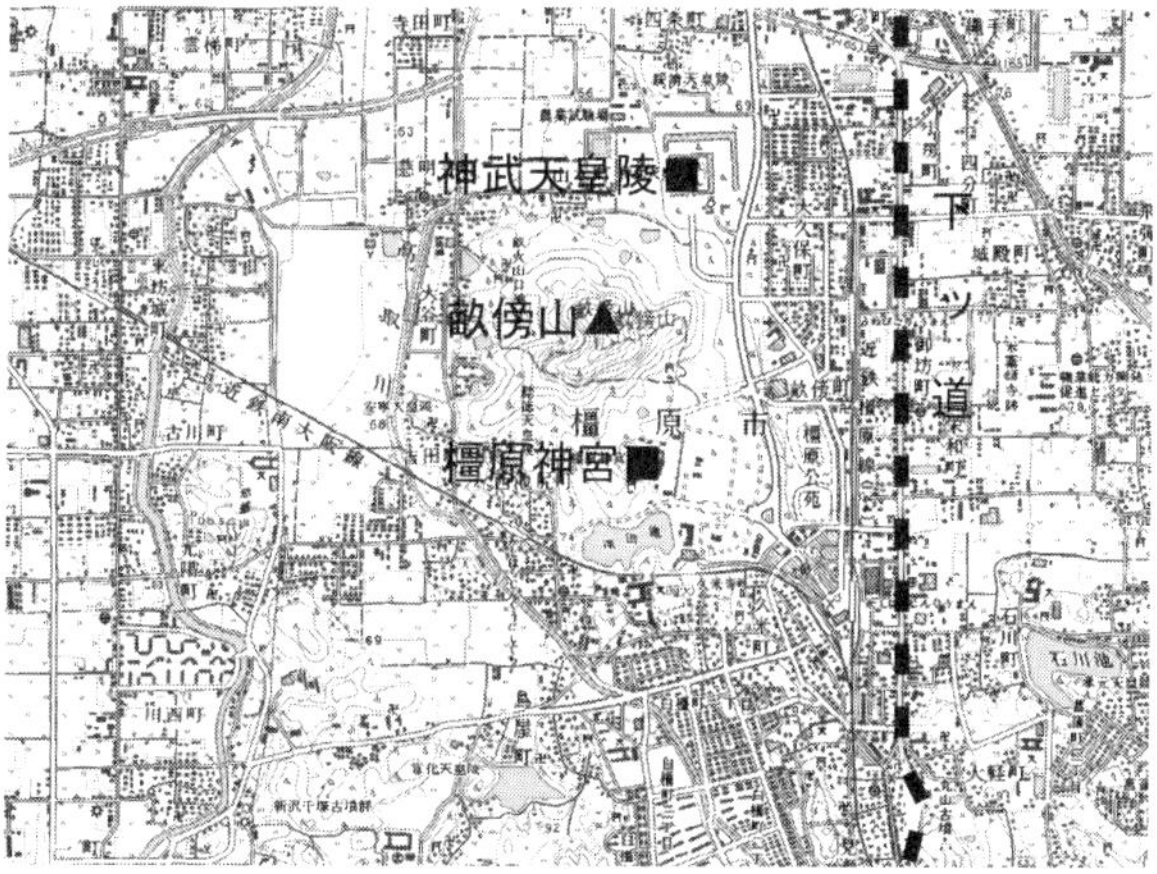

図1　畝傍山と下ッ道
島方洸一他編『地図でみる西日本の古代』平凡社, 2009, 27頁を参照した.

土蜘蛛に相当することになる。

大和と河内の境にある葛城山に、つぎのような伝承が残っている。

一言主神社の境内に、土蜘蛛塚というのがある。昔、神武天皇が、カツラで網を作って土蜘蛛を取り、これを頭と胴と脚との三部分に切断し、別々に今の神社の境内に埋め、その上に巨石をすえておかれた。そのあとである。なお、この時、土蜘蛛を取るのに、カツラの網を用いられたから、この地方がカツラキといわれるようになったという(2)。

図2　奈良県御所市の一言主神社境内にある土蜘蛛塚
佐々木撮影.

この土蜘蛛塚は、今も葛城山の一言主神社に残っている(図2)。私はかつて本シリーズの第三弾『神話の風景』で、土蜘蛛の伝承を追いかけたことがある(3)。その土蜘蛛の伝承地をこの後も追いかけていくと、京都市の神楽岡、そして京都府の綾部、鳥取市の河原町とその痕跡が続いていくのが見てとれる。そしてそのゆく先は、出雲を指しているのではないのかと。そしてこの先住民の象徴である土蜘蛛が、後々の妖怪へと結実してゆくことになる。

（2）「風土記」に見る荒ぶる神

ここでは、全国から集められた地方の情報である、「風土記」に描かれた、荒ぶる神を見てみよう。前章で見たように、『古事記』『日本書紀』のような、権力の中心から、全国へと発せられた物語と、その逆流である「風土記」では、荒ぶる神の描き方が違う。特に『出雲国風土記』のスサノヲと、『常陸国風土記』のヤマトタケルの描き方が、真反対といっていいぐらい違うのだ。そもそも「風土記」とは、どのような性質の書なのだろう。

『続日本紀』巻第六、元明天皇の和銅六年（七一三）五月二日につぎのような記事がある。

> 畿内と七道諸国の郡・郷の名称は、好い字をえらんでつけよ。郡内に産出する金・銅・彩色（絵具の材料）・植物・鳥獣・魚・虫などのものは、詳しくその種類を記し、土地が肥えているか、やせているか、山・川・原野の名称のいわれ、また古老が伝承している旧聞や、異った事がらは、史籍に記載して報告せよ（4）。

この記事が、天皇から全国への、「風土記」編纂の命令だった、と考えられている。しかしながら、現在まで完本として残っているのは、『出雲国風土記』のみである。『常陸国風土記』『播磨国風土記』『豊後国風土記』『肥前国風土記』は、省略や脱落があるが、ある程度まとまった形で残っている。その他の国に関しては、他の文献に引用という形で垣間見ることができるにすぎない。これを「風土記逸文」と呼んでいる。

まずは『常陸国風土記』の荒ぶる神を見てみよう。新治郡につぎのような記事がある。

古老がいうには、昔、美麻貴の天皇が天下を統治なさった世に、東の夷の荒ぶる賊（俗に、阿良夫流余斯母乃という）を平らげ討とうと、新治の国造の祖、名は比奈良珠の命という者を遣わした。この人がやってきて新しい井戸を掘った。その水が清らかに流れた。すなわち井を治りしをもって郡の名とした。

この記事は古老が伝承している旧聞、地名の起こりについての言い伝えである。そこに東の夷の荒ぶる賊、現地のことばで、阿良夫流余斯母乃が出てくる。この「あらぶるよしもの」とは、「エセモノ（悪徒）」あるいは「エミシモノ（夷者）」などと解釈されている(5)。これまでの議論をふまえれば、荒ぶる先住民、ということになろう。

ちなみに美麻貴の天皇とは、前章で触れたオホモノヌシの祟りを受け、三輪山の麓に宮を置いた崇神天皇のことである。この崇神天皇は、オホモノヌシの祟りを回避するために、この国神を三輪山に祭祀し、その後、初めて日本全国を統一した大王とされる。この記事は、その中央が作った『古事記』や『日本書紀』の神話が、ここ常陸国に、すでに到達していたことを意味する。

『古事記』の成立が和銅五年（七一二）、『日本書紀』の成立が養老四年（七二〇）、『常陸国風土記』の成立が元明天皇の和銅六年（七一三）から、元正天皇の霊亀三年（七一七）の間とされる(6)。であれば、『古事記』の情報が伝わっていたのだろうか。それよりもむしろ、これら書の成立にかかわらず、中央の情報は、すでに様々な形で、地方に伝わっていた、と考えるべきだろう。

このことに関する、つぎのような興味深い記事が続く。

> 駅家の名を大神という。そのように呼ぶわけは、大きな蛇があたり一面にたくさんいるからである。それで駅家の名としている。

なぜ大きな蛇がいると、大神という駅家の名になるのであろう（図3）。三輪山のオオモノヌシの大神が、蛇体の神であったという情報が、ここにも入っていたにちがいない。大神はオホミワとも読む。信太郡にもある。

> ここより西に、高来の里あり。古老がいうには、天地の始めに、草木までもが言葉を話していた頃、天から降ってきた神の名を普都の大神といった。葦原中つ国をめぐって、山河の荒ぶる神の類（山河荒梗之類）を平定した。大神は神たちを教化し終えると、天に帰ろうと思った。そのとき身につけていた、武器の甲・戈・楯・剣と珠をことごとく脱ぎ捨ててこの地に置いて、白雲に乗って天に還り昇った。

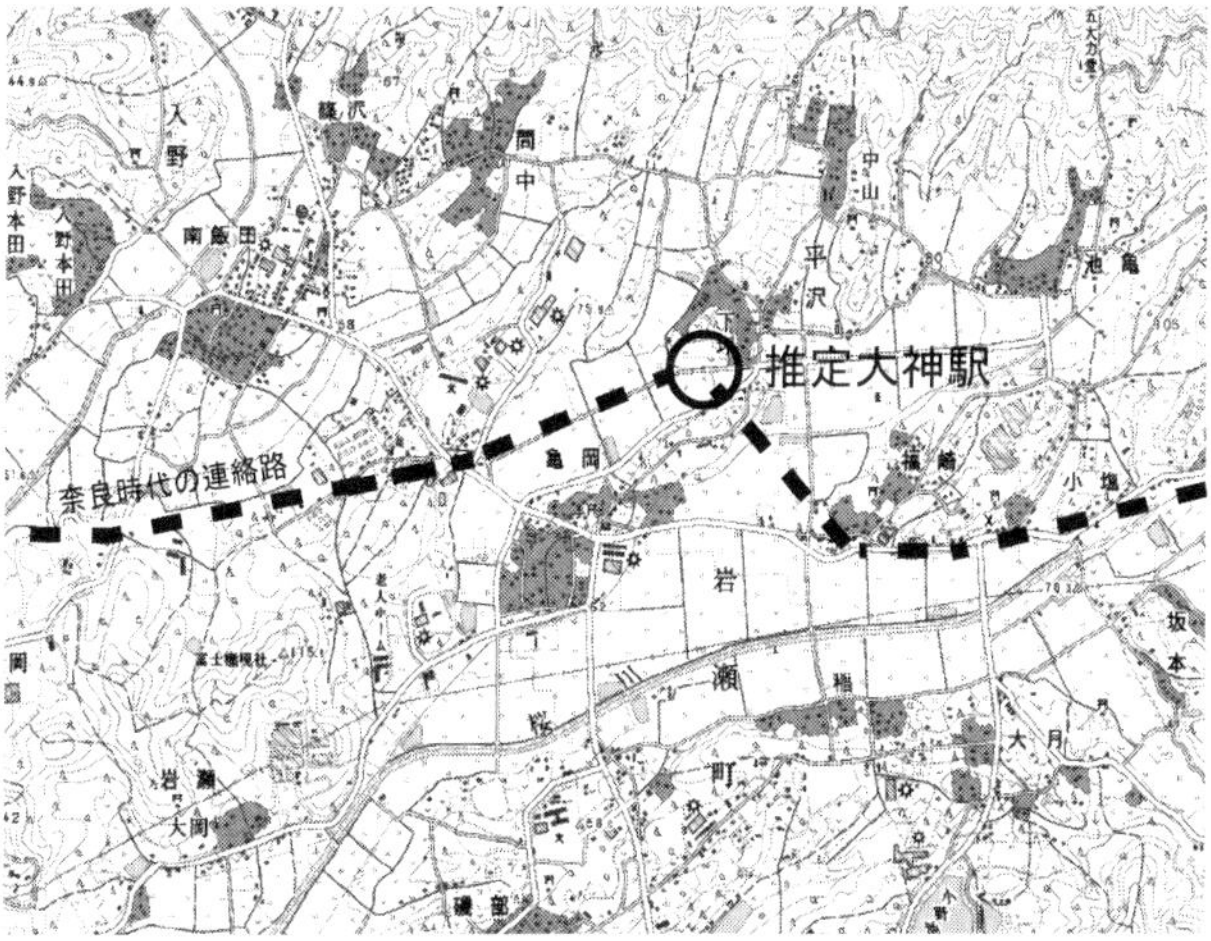

図3　茨城県桜川市の大神駅推定位置の奈良時代の連絡道
島方洸一他編『地図でみる東日本の古代』平凡社，2012，177頁を参照した．

ここでも、あの荒ぶる神と天降り神話のセットが見られる。荒ぶる神を平定したのが、フツヌシであるのは、遷却祟神と出雲国造神賀詞の祝詞と同じである。また『日本書紀』第九段一書第一にも、「天照大神はまたタケミカヅチノカミとフツヌシノカミを派遣して、悪神たちを駆除した」とある。ちなみにこれまでの研究では、『常陸国風土記』の成立の方が、『日本書紀』よりも早いとされる。ではなぜこの風土記に『日本書紀』の内容がいかされているのか。先にも述べたように、おそらくこのような情報は、もうすでに様々な形で地方に伝わっていたからであろう。

『播磨国風土記』にも、荒ぶる神は登場する(7)。まずは賀古《かこ》郡。

この里に舟引原あり。昔、神前の村に荒ぶる神(荒神)があって、いつも通過する人の舟を、半数留めた。往来の舟は、ことごとく印南の大津江に留まり、川上に上って、賀意理多の谷から引き出て、赤石の郡の林の河口に出た。それで舟引原という。

もう一つは神前《かんざき》郡にある。

生野《いくの》と名づけられた所以は、昔、ここに荒ぶる神(荒神)がいて、往来する人を半分殺した。そこで死野と名づけられた。後に品太の天皇が「これは悪い名だ」といわれたので、改めて生野とした。

この二つの荒ぶる神は、いずれも人々の往来を妨害している。生野の荒ぶる神は、そこを通過する人たちを半数殺しているが、おそらく舟引原の場合も、河川を通過する舟を半分沈めていたのだろう。

図4は現在の生野の地形図だが、そこは山に挟まれた細い谷で、そこに道があった。であるなら、この播磨の荒ぶる神々は、あのヤマトタケルの伝説で語られた、「道々に出遭うた山や河の荒ぶる神（山河荒神）」と見ることもできよう。ちなみに品太の天皇とは、応神天皇のことである。

このように『播磨国風土記』の荒ぶる神は、人々の交通を阻止する特徴をもっている。ところが、この「風土記」は、同じ性格を持つこの荒ぶる神を、別の名でも呼んでいる。

揖保《いぼ》郡の伝承である。

　意比川。品太の天皇の御世に、出雲の御蔭の大神、枚方里の神尾山におられて、いつも行く人を遮り、半ばを殺し、半ばを生かせた。この時、伯耆の人小保弖と因幡の布久漏、出雲の都伎也の三人が憂えて、朝廷に申し出た。すると朝廷は額田部の連久等々を遣わし祈らせた。屋形を屋形田に作り、酒屋を佐々山に作って祭り、宴を催し遊び、たいへん楽しんだ。さらに櫟山の柏を帯に掛け、腰に差して、この河を下りながら、押し合いをした。それで圧川という。

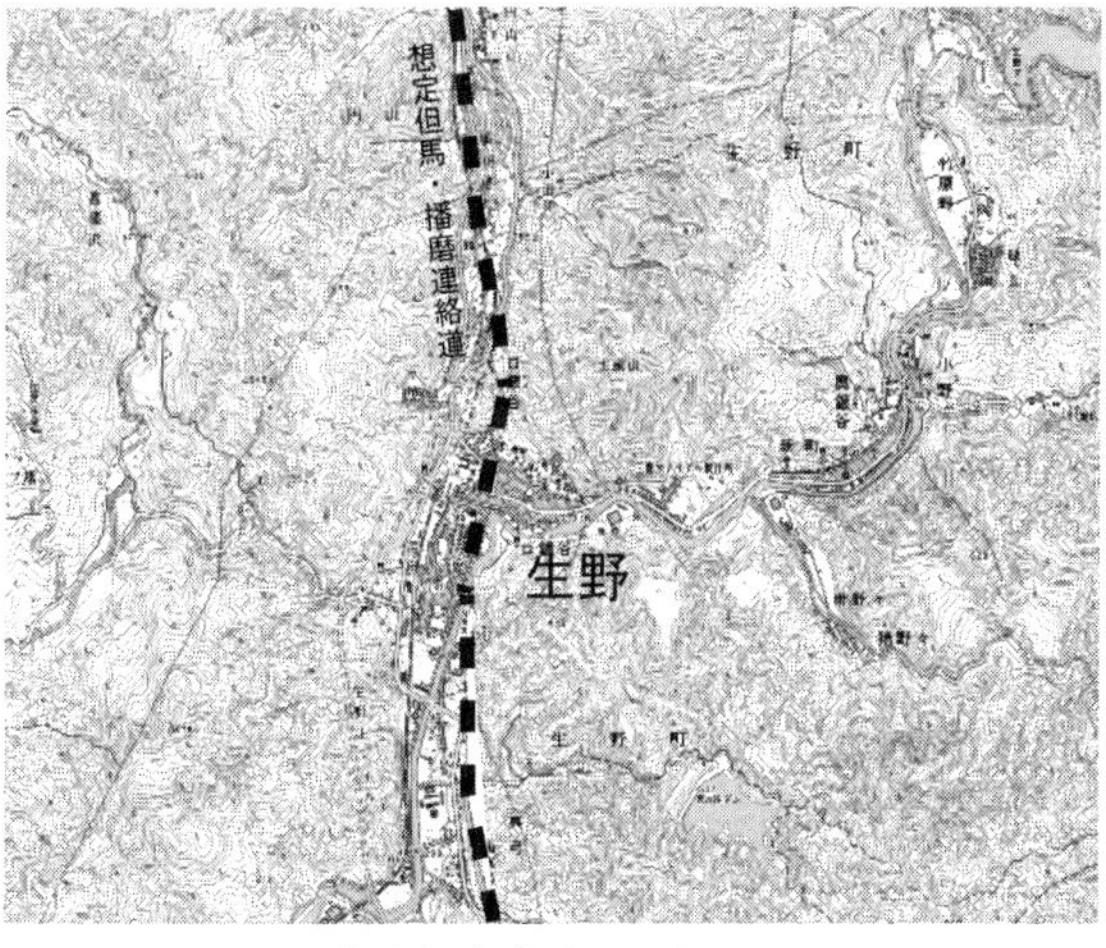

図4　兵庫県朝来市生野の細い谷を通る
想定但馬・播磨連絡道
島方洸一他編『地図でみる西日本の古代』平凡社, 2009, 201, 203頁を参照した.

ここでもこの神は、通る人の半分を殺害している。その神の名をここでは、出雲の御蔭の大神と呼ぶ。興味深いのは、朝廷へと訴え出た人たちの出身地だ。伯耆、因幡、出雲の人とある。この道を通過する人の多くが、今の鳥取県と島根県の人たちであったのだ。

『播磨国風土記』の成立時期は、『常陸国風土記』と同様に和銅六年（七一三）から、元正天皇の霊亀三年（七一七）の間とされる。この時期、都は奈良の平城京にある。彼らは、山陰道を因幡国府で南に折れ、美作《みまさか》国府へと向かい、美作道を使って山陽道に合流したのである。

つぎの伝承も、ほぼ同じ場所を指している。

> 佐比岡。佐比と名づけられた理由は、出雲の大神が神尾山にいたとき、出雲の国の人がここを通ると、十人のうち五人を留め、五人通ると三人を留めた。それで出雲の人らが佐比を作って、この岡に祭ったが、ついに和らげることができなかった。その理由は、男の神が先に来て、その後に女の神が来たので、男神は鎮まることができなく立ち去ったからだ。それで女神が怒ったのであった。そこでその後、河内の国の茨田の郡、枚方の里の漢人が来て、この山辺に住み敬い祭った。すると和らぎ鎮まった。この神がいるので、名を神尾山という。また佐比を作って祭ったところを佐比岡という。

ここでもこの荒ぶる神を、出雲の大神と呼んでいる。佐比とは刀剣のことである。ここまでの議論でいうところの出雲の神、それは先住民の神である。そして大和の朝廷に参じる出雲の人を狙っているようだ。出雲国造神賀詞は、出雲国造が大和の朝廷に進み出て、あの祝詞を読み上げる。出雲の神は、そのことを怒って、阻止したかったのだろうか。出雲の人らが祭っても、その怒りはおさまらなかったようだ。ちなみに『出雲国風土記』には、荒ぶる神は一切出てこない。

図5は、地形図に美作道、山陽道、意比川（図6）、佐比岡、神尾山を入れたものである。彼ら出雲の人たちは、おそらく美作道を通り意比川を舟で下り、山陽道に合流したのではないか。そうであれば

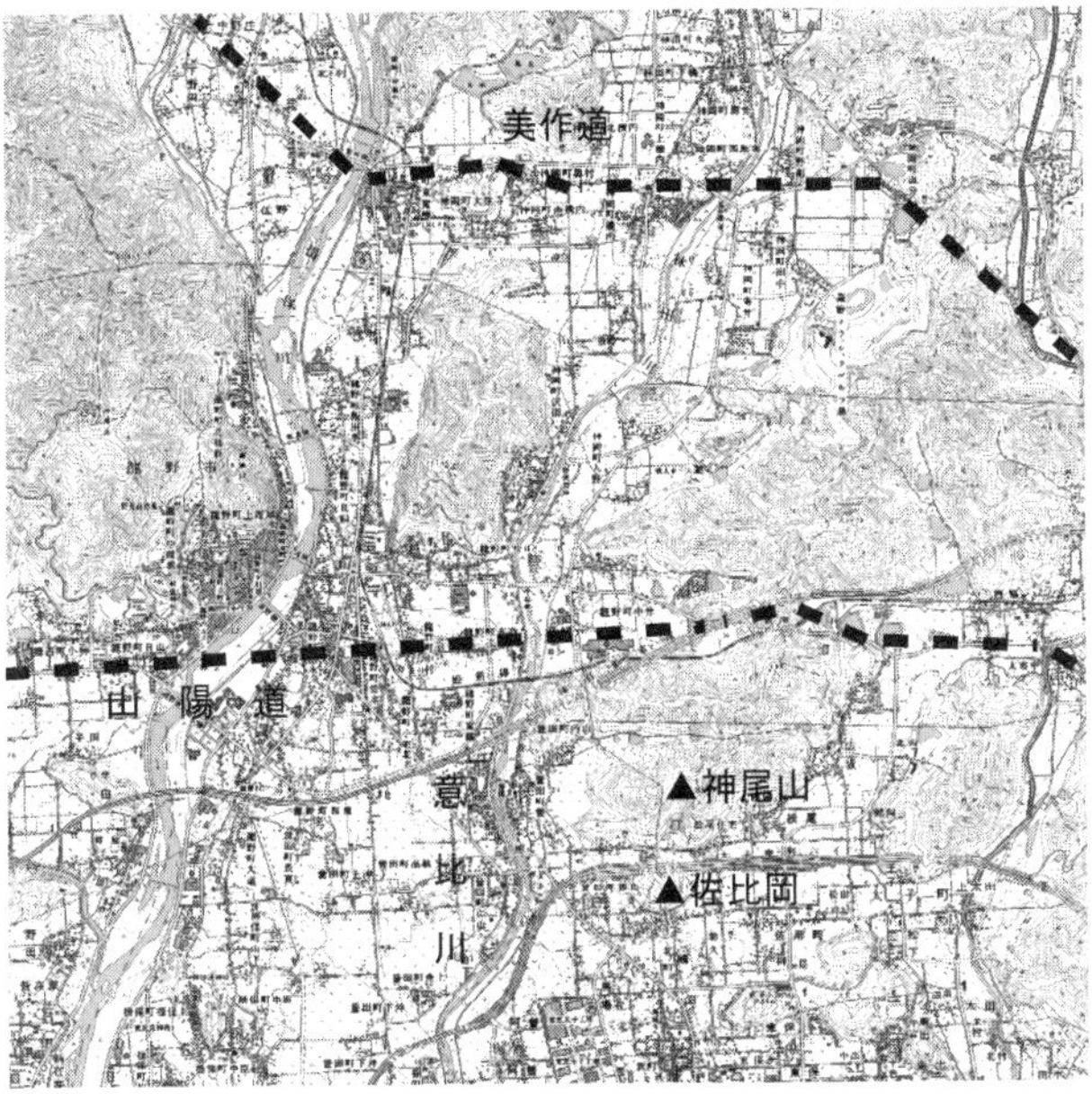

図5　古代山陽道・美作道と意此川，佐比岡，神尾山
島方洸一他編『地図でみる西日本の古代』平凡社，2009，55頁を参照した．

図6　兵庫県姫路市とたつの市の境を流れる林田川
現在の林田川が，古代の意比川とされる．佐々木撮影．

ここでも、あの「道々に出遭うた山や河の荒ぶる神（山河荒神）」とみることができよう（図6・7）。

意比川の名の由来となった、祭に際する押し合いとは、相撲のことであろう。平安時代の御霊会、つまり御霊を鎮める祭でも、相撲が献ぜられているからだ。

『肥前国風土記』にも、荒ぶる神は登場する。

姫社の郷。この郷の中に川あり。名を山道川という。その源は郡の北の山より出て、南に流れて御井の大川に合流する。昔、この川の西に荒ぶる神（荒神）がいた。道ゆく人を多く殺した。半数は助かったが、半数は殺された。ある時、祟る理由を占ったところ、「筑前国の宗像郡の珂是古という人に私の社を祭らせよ。もし願いが叶ったら荒々しい心を起こすまい」といったので、珂是古を探し出して、この神の社を祭らせた。珂是古は、そこで幡を捧げて祈っていった。「まことに私に祭って欲しいのであれば、この幡は風の吹くままに飛んでいって、私を欲している神のところに落ちよ」と。そして幡をあげて風の吹くままに飛ばした。するとその幡は飛んでいって、御原郡の姫社に落ち、さらに飛び帰って来て山道川のほとりの田村に落ちた。こうやって珂是古は神のいる場所を知ったのだった。その夜、臥機（クツビキ）と絡棃𢺢（タタリ）とが舞いながら遊び出て、珂是古をおさえて驚かす夢をみた。そこでこの神が織女姫とわかった。そこで社を建て祭った。

図7　兵庫県姫路市神尾山にある女神と男神
佐々木撮影.

それからは道ゆく人は殺されなかった。それで姫社（ヒメコソ）といい、郷の名とした。

この話は、前章で紹介した崇神天皇の御世に崇った、三輪山のオオモノヌシとそっくりだ。崇神天皇の夢に出たオオモノヌシは、オオタタネコを探し出して私を祭れば、私の怒りはおさまり、疫病はなくなるだろう、そういったのだった。

図8は、その荒ぶる女神が祭られている姫古曾《ひめこそ》神社と山道川、西海道との関係を示した地図である。図9は、ドローンで撮影した姫古曾神社と、その一二キロ北にある太宰府方面を望んだ写真である。やはりここでも、道そして河が併存しており、道と河の荒ぶる神という、これまでと同じ特徴を示している。このように荒ぶる神は、道・河・山にいると考えられ、そのことを人々は恐れたのであった。

この荒ぶる神が女神であるのは、先の播磨の、佐比岡の伝承と通じる。そして京都の、貴船の鬼の国の女神とも。『古事記』の神武東征で、熊野に出没した荒ぶる神が、『日本書紀』では、ナグサルべという女賊や、ニシキトベという女賊であったのも、同じだろう。女性もまた、先住民同様に、社会的に抑圧される対象になりはじめていたのだろうか。

この三輪山の地に宮を置いた、あのヤマトタケルの父である景行天皇の伝承も、この『肥前国風土記』には残されている。

神埼の郡。郷は九所。里は二十六。駅は一カ所。寺は一カ所(僧の寺)。昔、この郡に荒ぶる神(荒神)がいて、行き交う人が多く殺された。纏向の日代の宮で天下を治めた天皇が巡視したときに、この神はやわらぎ穏やかになった。それ以来、二度と人々の不幸がない。これによって神埼の郡という。

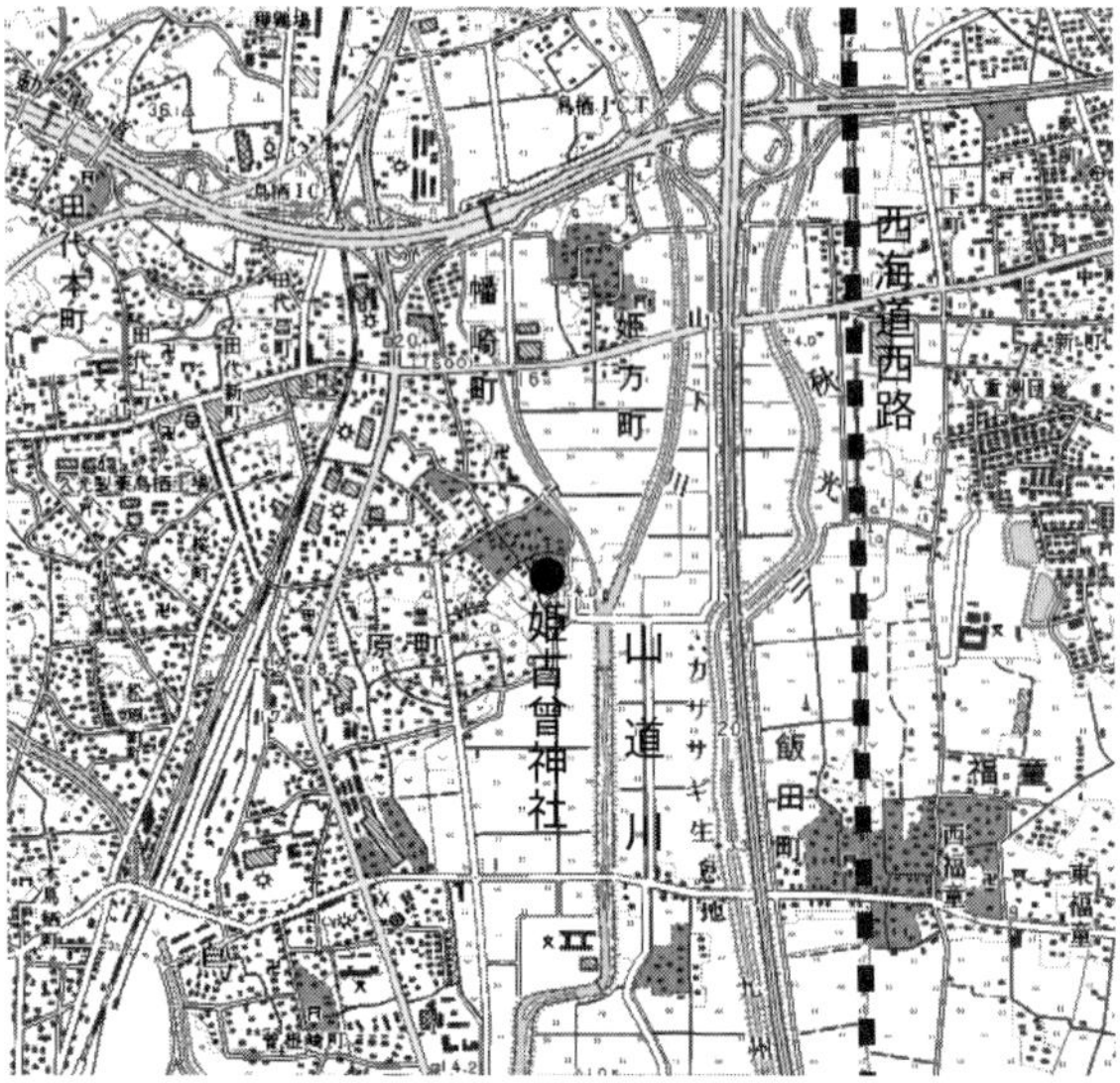

図 **8**　佐賀県鳥栖市の山道川・姫古曾神社と西海道西路
西海道については，島方洸一他編『地図でみる西日本の古代』平凡社，2009，121 頁を参照した.

図 **9**　姫古曾神社からドローンで太宰府方面を望む
西本和希撮影.

纏向の日代の宮で、天下を治めた天皇とは、景行天皇のことである。『古事記』の九州征伐が、ヤマトタケル一人の伝説であったのが、ここで景行天皇が自ら行っているのは、むしろ『日本書紀』に近い。『肥前国風土記』の成立が、先の記事に見たように、霊亀三年（七一七）以降に施行された、郷里制に則って記述され、さらにこのように『日本書紀』の記事とも一致する点から、養老四年（七二〇）以降とされている。

いずれにしても三輪山のオホモノヌシ、つまり国神を信仰した崇神、景行、ヤマトタケルと関連する伝承に、荒ぶる神が登場するのは、何か意味があるにちがいない。

（3）「風土記」と先住民——土蜘蛛・佐伯・国巣

実はこれら風土記には、これら荒ぶる神の伝承とともに土蜘蛛・佐伯・国巣などの先住民の伝承も登場する。ここに両者が登場する伝承があるので見ておこう。同じく『肥前国風土記』佐嘉郡の記事である。

ある人はこういっている。郡の西に川あり。名を佐嘉川という。年魚《あゆ》がとれる。その源は郡の北の山から出て、南に流れて海に入る。この川上に荒ぶる神（荒神）あり。行き来する人の半数は生かし半数は殺した。そこで、県主らの祖大荒田が、占いによって神意を問うた。その時、土蜘蛛で大山田女・狭山田女という者がいた。その二人の女子がいうには、「下田の村の土を取って、人形・馬の形を作り、この神を祭ったならば、必ずやわらぐでしょう」といった。大荒田は、その言葉に従って、この神を祭ったところ、神は、この祭を受けいれてついに心やわらいだ。ここに、大荒田がいうには、「この婦人は、このように、まことに賢い女性である。だから賢し女（サカシメ）をもって国の名としようと思う」といった。これによって賢女の郡といった。今佐嘉の郡というのは、訛ったのである。

この荒ぶる神のいる佐嘉川の川上とは、現在の與止日女《よどひめ》神社周辺をいう。この周辺には、交通路も国府もあった（図10・11）。ここでも荒ぶる神は、河と道にいて人々の通行を妨害している。その荒ぶる神の対処方法を、後の朝廷側の地方官、県主の祖は知らないが、土蜘蛛は知っている。つまり荒ぶる神

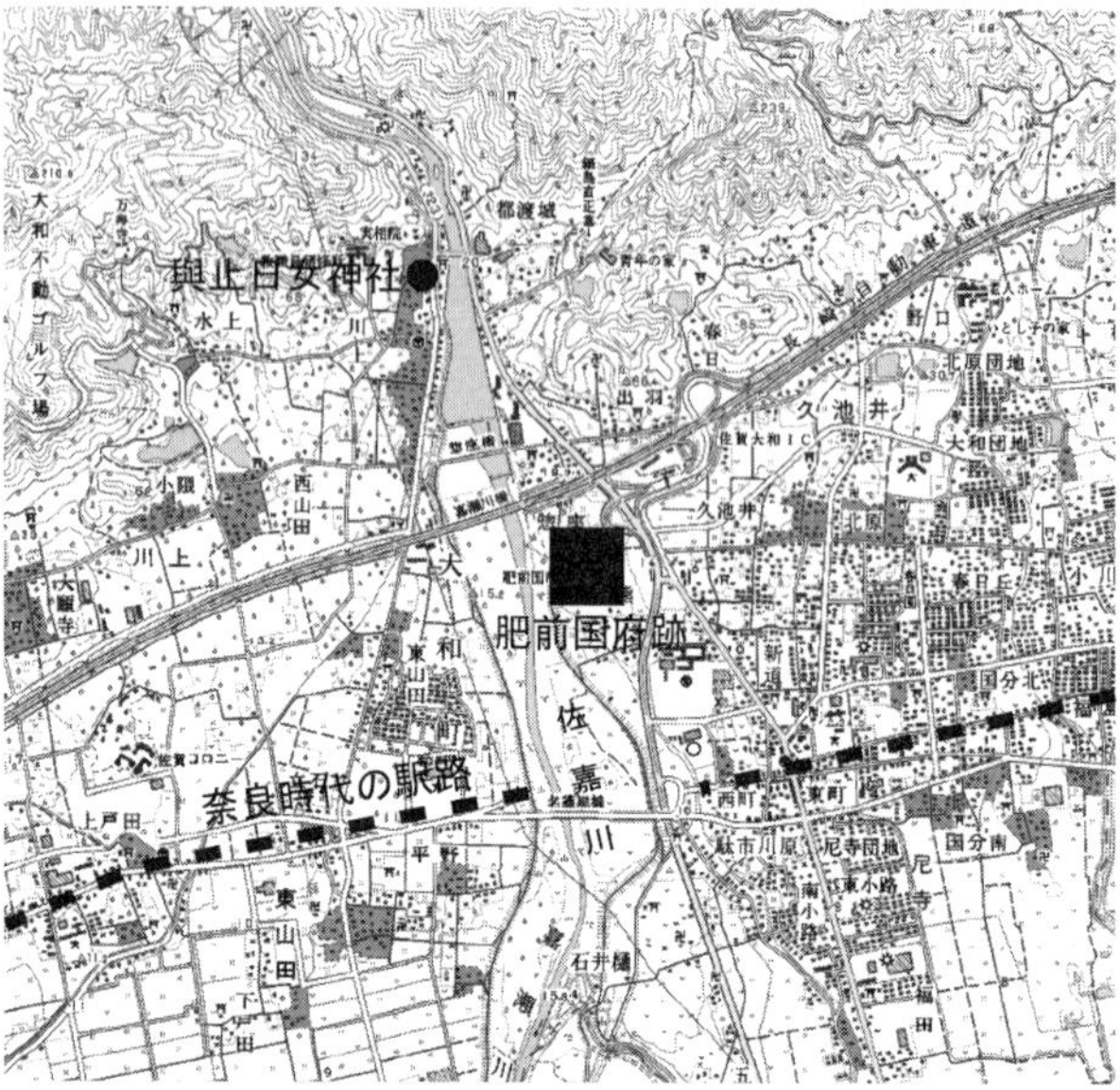

図 **10**　佐賀県佐賀市の肥前国府跡と
佐嘉川・與止日女神社と奈良時代の駅路
駅路については, 島方洸一他編『地図でみる西日本の古代』平凡社, 2009, 123 頁を参照した.

図 **11**　肥前国府跡から佐嘉川上流の谷と川上にある與止日女神社　　ドローン撮影：西本和希.

に関しては、先住民である土蜘蛛の方がよく知っているということだ。ようするに、荒ぶる神は先住民の神なのだ。

先に神武東征で紹介したように、土蜘蛛とは神武の大和国への侵入を阻もうとした先住民であった。そしてその神は、神武に対して荒ぶったのであった。その大和の土蜘蛛が、九州にもいた。そして佐賀の地名の起源ともなって今も生きている。

土蜘蛛は、その他の国にもいたのだろうか。第4章「荒ぶる神の正体」の、夜刀の神のあたりで紹介したように、この荒ぶる神の周辺にも、佐伯という先住民がいた。では土蜘蛛はいたのだろうか。『常陸国風土記』茨城郡に、つぎのような記事がある。

古老がいうには、昔、国巣（土地の言葉では都知久母（つちくも）または夜都賀波岐（やつかはぎ）という。）である山の佐伯・野の佐伯がいた。いたるところに土の穴倉を掘っておき、常に穴に住み、人がやってくると穴倉に入って身を隠し、その人が去れば、また野原に出て遊ぶ。狼のような狂暴な性情、梟のような不気味な心情をもっていて、鼠のようにこそこそと様子を窺い、犬のように盗みとる。招かれ慰撫されるということもないので、ますます世間の風習からかけ隔たってしまっていた。この時多氏の臣の同族の黒坂命が、彼らが穴倉から出て遊んでいる時を狙って、茨棘を穴の中に敷き並べ、騎兵を出して突如として追い攻めさせた。佐伯らはいつもの通りに穴倉に走り帰ったが、全員茨棘にひっかかって、棘に突きささり、傷つけられ、病になり、死にもして散り散りになった。だから、茨棘の名を取って県の名につけた。

ここでも茨城県の地名起源となっている。そしてこの記事では、国巣《くず》のことを土地の言葉で「つちくも」、「やつかはぎ」といい、佐伯とも呼ばれていた。つまり国巣、土蜘蛛、佐伯は同じ対象を示しているわけだ。この国巣は神武東征においても、尾の生えた国神イハオシワクノコ（吉野の国巣の祖）として登場している。ただし抵抗はしていない。

彼らは国巣（土蜘蛛・佐伯）は、家ではなく土地に穴を掘って生活している。また狼のように狂暴で、梟《ふくろう》のように不気味で、鼠《ねずみ》のようにこそこそし、犬のように盗みとるとされる。つまり天皇のもとで生活する民と差別化して示されているのだ。それは、この土地に住むには身体的にふさわしくない、と。

さらに北にも、彼らはいた。「陸奥国風土記逸文」を見てみよう。

陸奥国風土記にいう。八槻と名付けたわけは、巻向の日代の宮で天下を治める天皇の時代、日本武尊が、東の夷を征伐するために、この地に到着し、八目の鳴鏑を用いて賊を射て倒した。その矢が落下した所を矢着という。この地には正倉がある。神亀三年、字を八槻と改めた。古老が伝えていう。昔、この地に八人の土知朱（土蜘蛛）がいた。一人目を黒鷲、二人目を神衣媛、三人目を草野灰、四人目を保々吉灰、五人目を阿邪尒那媛、六人目を栲猪、七人目を神石萱、八人目を狭磯名という。それぞれに一族がおり、八か所の石室にたむろしていた。この八か所は、全て要塞となっている。それで天皇の命令に従わない。国造の磐城彦が負けて逃げ出した後は、土知朱たちは、百姓を略奪して止まなかった。巻向の日代の宮で天下を治める天皇は、日本武尊に命じて土知朱を征伐させた。土知朱らは、力を合わせて防ぎ、また津軽の蝦夷と共謀して、たくさんの狩猟用の強弓矢を岩城に配置して、官軍めがけて矢を放つ。官軍は進むことができない。

日本武尊が、槻で作った弓矢を手に取り、まず七発、つぎに八発の矢を放った。すると七発の矢は雷のように鳴り響き、蝦夷の一群を追い払った。八発の矢は、八人の土知朱を射殺し、たちどころに殺してしまった。その時に土知朱を倒した矢は全て土に刺さり、芽が生えてついに槻の木となった。その地を八槻郷という。この郷に正倉がある。神衣媛と神石萱との子孫は許されて郷に住んでいる。今、綾戸という一族がそうである。

巻向の日代で天下を治める天皇とは景行天皇、そしてその息子であるヤマトタケルが登場する。ここに八人の土蜘蛛がいるが、二人目の神衣媛と、五人目の阿邪尒那媛は、女性のようである。神武の東征でも、熊野で女賊たちが抵抗していた。また荒ぶる神が、女神であることも多い。

土蜘蛛らは、百姓を略奪している。この時、田の畦を壊し、水路を破壊し、農耕の妨害をしていたのであれば、大祓《おほはらへ》の祝詞にある最も重い罪、天つ罪となろう。そして官軍に負われると、津軽の蝦夷と手を組んでいる。そして狩猟用の強弓矢（猪鹿弓猪鹿矢）を使用している。夜刀の神のあたりでも述べたように、ここにも農耕民vs.狩猟民といった構図が見いだせそうだ。

このように、彼らはやはり先住民と考えるのが妥当だろう。東北の蝦夷や九州の熊襲、隼人と違って、この土蜘蛛の場合は、逸文も含めると、北は陸奥・常陸・越後から、畿内では摂津、九州では豊後・肥前・肥後・日向まで、かなりの広域で見いだすことができる。となると荒ぶる神同様に、かなり一般的な名称といっていい。それは『古事記』『日本書紀』の神武東征の記事の、全国への伝播が一役買っているのだろう。

いずれにせよ中央政府は、地方の抵抗勢力の情報が欲しかった。それがこの「風土記」の抵抗者の伝承群なのである。この種の伝承は、『常陸国風土記』に十七話、『播磨国風土記』に六話、『豊後国風土記』に十話、『肥前国風土記』に十九話ある。にもかかわらず『出雲国風土記』には、ほとんどその情報はみられない。一見すると出雲国には、朝廷に抵抗する勢力はいないように見える。だが神話上、出雲国は最初の先住民であり、抵抗者である。そして彼らだけが、荒ぶる神の対処方法である、天降り神話の一節を、あの出雲国造神賀詞として、朝廷の前で読まされるのである。彼らは、朝廷の要求に応じなかったのだ。今にしてみれば、彼らの「風土記」自体が抵抗の旗印だったのだ。

彼らがこの報告を提出したのは、なんとあの和銅六年（七一三）の命令から二〇年後の、天平五年（七三三）のことだった。おそらく、そこにも意味があるにちがいない。

注

（1）三浦祐之『口語訳　古事記［完全版］』文藝春秋、二〇〇二、一二四頁。
（2）渡辺昭五編『日本伝説大系（九）』みずうみ書房、一九八四、三一頁。
（3）佐々木高弘『シリーズ妖怪文化の民俗地理3　神話の風景』古今書院、二〇一四、三六～五五頁。
（4）宇治谷孟訳『続日本紀（上）』講談社、一九九二、一四〇頁。
（5）風土記に関しては、秋本吉郎校注『風土記』岩波書店、一九五八、植垣節也校注『風土記』小学館、一九九七、中村啓信監修・訳注『風土記　上・下』角川書店、二〇一五、を参照した。
（6）風土記の時代背景については、三浦祐之『風土記の世界』岩波書店、二〇一六を参照した。
（7）『播磨国風土記』に関しては以下の文献を参照した。坂江渉編著『風土記からみる古代の播磨』神戸新聞総合出版センター、二〇〇七。田井恭一編著『「播磨国風土記」を楽しむ』神戸新聞総合出版センター、二〇一〇。播磨学研究所編『播磨国風土記―はりま 1300 年の源流をたどる』神戸新聞総合出版センター、二〇一六。

7　古代の交通路と根の国底の国

（1）道饗祭と根の国底の国

これまでの議論を整理しておこう。

本書は、妖怪という言葉を使用した、最初の例として知られる一文、『続日本紀』宝亀八年（七七七）「三月十九日、宮中で頻りに妖怪が有ったので、大祓を行った」という記事を、地理学的に考えることからはじまった。そしてその出来事が生じた場所が、宮中であったことに注目し、妖怪を文化としてとらえるのであれば、妖怪は宮中文化である、とした。また妖怪に対する宮中の対象方法が、大祓であることから、大祓の祝詞を精査し、荒ぶる神が、宮中に妖怪という現象を引き起こす、主な要因だと指摘した。

では、荒ぶる神とは何なのか。それは天孫降臨前の天降り神話で語られる、地上界の状況を示している。つまり天皇家が支配する以前の、先住民がこの日本列島の大地を支配していた状況をいうのだ。『古事記』や『日本書紀』では、まずはオホクニヌシやオホモノヌシなどの国神が、支配している状況を指す。そして神武東征の段階へと進むと、土蜘蛛ら先住民、「風土記」では、国巣、佐伯、蝦夷、熊襲、隼人、そして彼らを一般名詞で包含すれば、やはり土蜘蛛。荒ぶる神とは、彼らの神なのだ。

特に異彩を放つ先住民、出雲国を中心にしていえば、地上界の国作りをし、天皇家に国譲りをしたオホクニヌシ、その魂で祟ることのある、三輪山に鎮座するオホモノヌシ、そしてオホクニヌシの父で根

の国の主宰者であるスサノヲ、をあげることができるだろう。特にスサノヲは特異な存在である。なぜなら天神の一員でもあるからだ。彼はイザナキ・イサナミの子であり、アマテラスの弟でもある。そして大祓の祝詞にある、天つ罪のほとんど全てが、彼が高天原のアマテラスの前で犯した罪だったのだ。

荒ぶる神の代表は、このスサノヲといっていいだろう。彼は根の国の主宰者である。つまり天皇家は、この荒ぶる神々が祓われる先にある、根の国をスサノヲに管理させることによって、荒ぶる神の国をも支配したのであった。どうやって天皇家の親神の一員を、根の国の管理者としたのか。母であるイザナミを使者としてまず送り込み、その母を慕う情を掲げて、管理者としたのである。ここにおいて女神も荒ぶる神とされた痕跡がある。

前章では、『播磨国風土記』などから、女神が荒れて、出雲の人たちの、大和への通行を妨害する話をあげた。そこでは、荒ぶる神をなだめるために、佐比をつくって祭ったとある。佐比とは刀剣のことである。

かつての出雲国、現在の島根県出雲市に、荒神谷《こうじんだに》という名の知れた遺跡がある。一九八四年（昭和五九）に銅剣三五八本、その後、銅鐸六、銅矛《ほこ》一六本が発掘された。米作りのはじまった、弥生時代の祭具だと考えられている。

なぜ荒神谷というのか。この遺跡のある谷に、荒神が祭られていたからである。その荒神の石碑には、スサノヲの名が刻

図１　荒神谷遺跡の北にある
荒神を祭る石碑：
「神須佐男」の字と藁蛇
島根県出雲市斐川町にて佐々木撮影.

まれ、藁で作った蛇が巻かれている（図1）。蛇はヤマタノヲロチ、銅剣は草薙剣《くさなぎのつるぎ》、そして荒ぶる神を祭るための佐比として、荒神谷に銅剣が置かれた、と読むこともできる。そしてこの谷も、あの『常陸国風土記』の、夜刀の神の谷（第4章図4）に似ているのだ（図2）。

なぜスサノヲが、荒神谷に祭られているのか。それはおそらく、荒ぶる神を停止させるのに、その管理者であるスサノヲを祭っておけば効力がある、と考えたのであろう。荒ぶる神らは、大祓で根の国に流された後、スサノヲの支配下に入るからである。そしてその実力は、ヤマタノヲロチ退治で実証ずみである。

ところが一向に、天つ罪・国つ罪は、この世から消え去る気配がない。その原因は、流されたはずの荒ぶる神らが、根の国から再び地上界へと帰還しているからである。そのことを示す世界観が、ある祝詞に詠みこまれている。その祝詞を道饗祭《みちあえのまつり》という。再び『延喜式』

図2　島根県出雲市の荒神谷遺跡のある谷
ドローン撮影：西本和希.

を見てみよう。

高天原に事始めて、天皇の命によって、称え言葉を尽くしてお祭りするところの、大八衢《おおやちまた》に呪力のある神聖な岩の群れのごとく塞がっておられる、皇神たちに申し上げます。八衢比古・八衢比売・久那斗と御名前を申し上げて、お祭りするのは、根の国底の国から荒び疎ましく来る物（麁備疎備来物）に、追従したり口を合わせることなく、下から来れば下を守り、上から来れば上を守り、夜の守り、昼の守りとして塞がっていて欲しいからです。皇神に捧げる幣帛は、明るい色の織物・光沢のある織物、柔らかい織物・ごわごわした織物をお供えし、御神酒は大きい甕を高々と盛りあげ、瓶の中を一杯満たして並べて、お酒としても稲穂としても奉ります。山や野に住む物は、毛の柔らかい物、毛の荒い物、青海原に住む物は、ひれの大きい魚、ひれの狭い魚、沖の海藻、岸辺の海藻に至るまで、横山のごとく置きます。このようにして進呈する尊貴な幣帛を、皇神は平穏にお受け取りになって、八衢に呪力のある神聖な岩の群れのごとく塞がって、天皇の命を堅い岩のように永遠に祝い奉り、ご繁栄の御代に幸ありますようにして下さい。また親王たち、王たち、臣たち、百官たちから天下の人民に至るまで、平穏無事でありますように。そう神官が、天つ祝詞の言葉をもって、称え奉ります（1）。

この祝詞にある根の国底の国というのが、スサノヲの主宰する根の国のことである。そこからやってくる物を、ここでは荒び疎ましく来る物と呼ぶ。つまりこれが、荒ぶる神に相当するわけだ。大祓ではスサノヲのごとく、荒ぶる神を根の国底の国に払い流した。そしてその根の国には、スサノヲが最初期に管理者として鎮まっている。ところが彼らは、少なくとも年に二回ほどは（大祓は六月三〇日と十二月三十一日に行っている）、そこから這い出て、地上界を荒らし廻ることになっている。

たとえばつぎのような記事が、『続日本紀』聖武天皇・天平七年（七三五）にある。

八月十二日　勅していった。

聞くところによると、この頃太宰府で、疫病により死亡するものが多いという。疫病を治療し民の命を救いたいと思う。このため幣帛を太宰府管内の神祇に捧げて、民のために祈祷をさせる。また太宰府の大寺（観世音寺）と別の国の諸寺に、金剛般若経を読誦させ、さらに使者を遣わして、疫病に苦しむ人に米などを恵み与えると共に、煎じ薬を給付せよ。また長門国よりこちらの山陰道諸国の、国守もしくは介は、ひたすら斎戒し、道饗祭をせよ(2)。

太宰府で疫病が流行している。そこで山陰道諸国、つまり長門国から石見・出雲・伯耆・因幡・但馬・丹後・丹波国等で、この道饗祭をして疫病を防ごうとした。つまり、ここでの荒び疎ましく来る物とは、疫病を指している。この疫病が、妖怪や荒ぶる神に相当する点については、すでに第3章でも述べた。

どうやってこの疫病の原因である、荒び疎ましく来る物を停止させるのか。この祝詞によれば八衢に岩のごとく塞がっている、八衢比古・八衢比売・久那斗という神に、この荒び疎ましく来る物に、追従したり口を合わせることなく、守って下さいとお願いするのである。そのためには、様々な織物、御神酒や稲穂、獣の毛皮各種、魚や海藻などを奉納しなければならない。淳和天皇の命によって、天長十年（八三三）に小野篁《おののたかむら》らが編纂した律令の解釈集、『令義解』によると、この祭は都の四隅の道の上で行われ、鬼（鬼魅《きみ》）が都に侵入しないように、お迎えし「饗遏」する、つまり御馳走をして思い止まってもらう祭礼、とある（3）。

道饗祭の饗は、飲食のもてなし、饗応を意味する。つまり八衢《やちまた》の神、あるいは鬼（荒ぶる神）を、山海の珍味や御神酒、獣の毛皮などの贈り物で、懐柔し停止させ、お帰り頂く祭なのだ。その祭を八衢で行う。衢とは、複数の道路が交差する場所をいう。八衢となると、もっと多くの道が交差する場所をいうのだろう。ということは、荒ぶる神は、道を伝って都にやってくる、そう考えられていたことになる。前章で見た、道の荒ぶる神とは、このことだったのだ。

ではその、根の国底の国とは、どこにあったのだろう。ここに興味深い記事がある。やはり『延喜式』である。「陰陽寮」の儺《おにやらい》祭料、つまりここでいう荒ぶる神を追い払う祭礼の項に、穢れた悪鬼や疫鬼が住む場所が設定されている。

言葉を改めて述べる。穢悪き疫鬼の所々村々の蔵に隠れているのを、千里の外、四方の堺、東の方は陸奥、西の方は遠値嘉、南の方は土佐、北の方は佐渡よりおちの所を、なむたち疫鬼の住みかと定め、五色の宝物、海山の数々の産物を贈呈して、所々方々にすみやかに退いて下さいと申し上げる。悪しき心を持ってまだ留まるのであれば、兵力を持って追い殺します、と申し上げる（4）。

これは陰陽師の祭文で、十二月三十一日の黄昏時（午後七時半）、内裏の南門である建礼門の、さらに内にある承明門（図3）に、疫鬼への贈り物を持参して集合し、時間が来ると禁中に入り、それら供物を庭に置き、神祇官とともに、先の祭文を読み上げた。建礼門が大祓の重要な場所であることは、すでに第1章で述べた。

さて、その祭文の中身は、道饗祭の祝詞とほとんど同じである。しかも神祇官も同席している。であるなら朝廷は、根の国底の国とは、この陸奥、遠値嘉《とおつちか》、土佐、佐渡の向こうの海の底にある、と考えていた、とみていいだろう。遠値嘉とは、長崎県五島列島のことである。そしてこの祭礼は禁中、つまり天皇の住まいで行われた。ここでこの巡礼の旅も、やっと宮中に戻ってきたことになる。

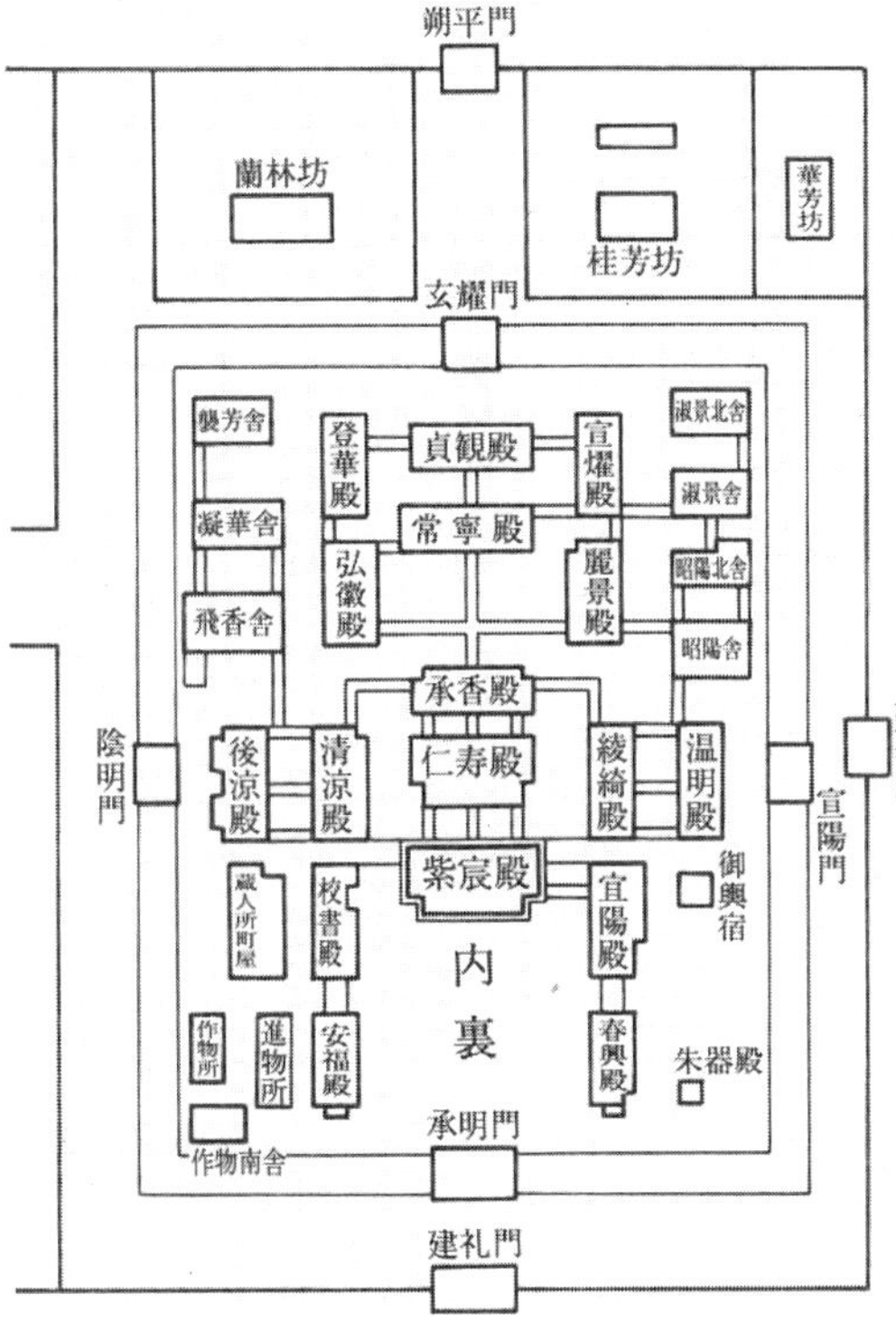

図3　平安京内裏想定図にみる承明門と建礼門
角田文衛監修『平安京提要』角川書店，1994，167頁より．

この祭礼の初見は、『続日本紀』文武天皇・慶雲三年（七〇六）で、「この年、全国で疫病がはやり、百姓が多く死んだので、初めて土牛を造って大いに儺を行った(5)」とある。これらの記録から荒ぶる神が、特に疫病の蔓延を引き起こす根源、と考えられていたことがわかるのだ。

（2）古代の交通ネットワーク

このように、これら空想の世界観に、しばしば現実世界が顔を出すことがある。これら神話的記録を地理学的に考えるとき、このしばしば垣間見える現実空間が、その手がかりとなる。

根の国底の国とは、神話的世界観でいえば、天界に位置する高天原、地上界に位置する葦原中国、地下世界の根の国の、垂直三世界の最下層に位置づけられる。世界の神話に通底する、この抽象的な茫漠とした空想世界に、突如として現実に存在する地名が付与された時、地理学者の闇の魂に炎が煌煌と点灯する。まさに虚構と現実が、互いに手を取り合う瞬間なのだ。

東は陸奥、西は遠値嘉、南は土佐、北は佐渡の向こうの海の底に、あのスサノヲの管理する根の国底の国がある。それは一体、どのような現実を根拠に設定されたのであろう。何かあるはずである。しかも、そこから荒ぶる神（荒び疎ましく来る物、穢悪き疫鬼）たちが、人の作った道を伝って、都を目指してやってくる。

人の作った道であるなら、古代の交通ネットワークが手がかりとなろう。ではその交通ネットワークは、いつどのようにして生成したのであろう。

その最も古い記録は、『日本書紀』大化二年（六四六）の大化改新の詔その二で、そこにはつぎのように記されている。

京師（都城）を創設し、畿内・国司・郡司・関塞（防衛施設）・斥候・防人（西海防備の兵）・駅馬・伝馬を置き、鈴契（駅馬・伝馬を利用する際用いる）を造り、山河（地方行政区画）を定める(6)。

つまり都とその周辺を取り囲む畿内、各国の司、各郡の司、防衛施設などをネットワーク化し、その交通ネットワーク上に駅や馬を置き、地方行政区画を整備せよ、との命令である。その後、大宝律令（七〇一年）でも整備され、『延喜式』等様々な史料に、その詳細が明らかにされている(7)。このように、日本の交通ネットワークを最初に整備した主体は、古代律令国家であった。つまりネットワークの生成には、権力が大きく関わっていたのである。

古代日本の律令制度とは、天皇を中心としたものであったことはよく知られている。その中心とは天皇の居所である都城（京師）であり、それは日本列島の特定の場所を指し示している。

大化二年の時点では難波宮（現在の大阪城辺り）、大宝律令が出された七〇一年においては藤原京（現在の奈良県橿原市）、太宰府で疫病が流行し道饗祭を行った、聖武天皇・天平七年においては平城京（現奈良県奈良市）、一〇世紀の『延喜式』においては平安京（現在の京都市）となる。これら中心地の移動に伴って、当然この交通ネットワークも微妙に変化した(8)。

権力の主体が、なぜネットワークを整備したのか。それは、まず中央の知識（律令と『古事記』『日本書紀』などの物語）を、全国に伝達するためである。また地方の情報（「風土記」や抵抗勢力の情報）を、中央に集める目的もあったろう。そうすることが、全国支配を目論む主体にとって、重要な要件であった。つまり権力主体にとって、中央の知識を地方へ拡散させ、同時に地方の情報を中心地に集中させることが必要だったのだ。その思惑を実現させるのに、交通ネットワークの整備が欠かせなかった。

そして、その地方にばらまかれた律令（法と秩序）と物語（権力者の由来、宗教的世界観）は、実際にそれらが具体性を持って運用されるようになるには、地方の人々の社会的実践（行為）と物質（国府・郡家・駅・宗教施設・関・国境など）の空間的配置がなされなければならない。これらが織りなされると、一つの知と権力の世界が、ある一定の広がりを持った具体的な空間に創造されることになる。それが『延喜式』の祝詞や祭文の世界観、といってもいいだろう。

そうなると、それら法や秩序、物語、実践や物質によって取り込まれ、取り囲まれた個人たちが、それらに規制され標準化されはじめる。と同時に、その基準から逸脱した個人や集団は、排除されることになる。先住民や荒ぶる神たちは、穴倉に住んでいるとか、犬や梟や鼠の行動に例えられ、律令国家の標準的な百姓とは、身体的にも違うことが強調され、律令国家の権力空間から、巧妙に排除されたのだった。あるいは、国家に危険が迫った時、たとえば疫病が流行した時、人々の不安の原因の説明機能として、荒ぶる神や疫鬼が空想世界から呼び戻され、祭礼という物語と行為実践、あるいは宗教建造物をも織りまぜながら、権力を補強するために利用されたのだった。

こうして時間をかけて権力は、これら物質と人間行為の、特殊なアッサンブラージュ（集合体、あるいは組み合わせ）を通じて循環しはじめる。そして、この権力が生み出したあらゆる要素が、このアッサンブラージュのなかで局所効果（local effect）を生み始める(9)。この局所効果とは、地理学者のマードックが、フーコーの権力研究を場所の側面からまとめ、ブルーノ・ラトゥールのアクター・ネットワーク理論へ応用しようと試み、生み出した概念である。各地で荒ぶる神や鬼、妖怪が出没するとされる場所は、このようなネットワーク上での、様々な要素のアッサンブラージュのなかで浮上するのである。

このような循環と繰り返しを経て、徐々に場所が調えられ、空間が組織化されていく。つまり古代から現在、未来にまでこの循環は続き、その空間の組織化は更新されていくのである。

第1章の図2は、古代の交通路と根の国底の国を重ね合わせた地図だが、現実に存在する交通路と、空想の世界にある根の国底の国が、見事に一致しているのが見てとれる。古代の日本列島は、現代の衛星写真のように、全体を視覚的にとらえられていたのではない。実際のネットワークによって、情報として把握されていたのである。そしてそのネットワークの果てに、局所効果として、根の国底に国が認知されていたのだ。

（3）変容する荒ぶる神

荒ぶる神の原初形態が、スサノヲであるならば、その後、この荒ぶる神の系譜をたどっていくと、徐々にその行動や性質が変容していることがわかる。

先にも述べたように、スサノヲは荒ぶる神のなかでも、特異な存在である。なぜなら、もともとは天神であるからだ。第4章で述べたように、イザナキから生まれたアマテラスは高天原を、ツクヨミは夜の世界を、スサノヲには海原を主宰するよう命じられる。ところがスサノヲは、母であるイザナミを追って、根の国へと向かう。しかしその前に、アマテラスのもとに行き、あの天つ罪を犯す。そして神々によって天界から祓われる。その後、地上界でヤマタノヲロチを退治し、草薙剣をアマテラスに献じ、出雲国でオホクニヌシを生む。そしてその後、根の国の主宰者となる。このようにスサノヲは、天界と地上界と地下世界の三世界を移動している。

それに対して、天孫降臨前の地上界の支配者オホクニヌシは、地上界で兄たちと争い、スサノヲの根の国へと逃れる。そしてスサノヲの試練を受け、スセリビメを得て、地上世界に帰還する。つまりオホクニヌシは地上界と地下世界の移動のみである。

彼らが垂直移動であるのに対して、オホクニヌシの魂であるオホモノヌシは、海の向こうからやってくる。そして大和国の三輪山に鎮座する。そして祟り神の要素を持つ。ここで荒ぶる神は、垂直移動から水平移動へと変化する。

天皇家内部から現れた荒ぶる神は、ヤマトタケルであるとも述べた。彼はもっぱら西国は九州まで、そして東国は陸奥の国まで、日本列島を東西に巡っている。つまりここでも水平移動なのだ。

この荒ぶる神の水平移動を可能にしたのが、交通路ネットワークの整備だったのだろう。その過程で登場するのが、交通路上の各地の荒ぶる神の存在であった。古代国家が日本列島を支配下に治める過程で、交通路が整備される。その都度遭遇したのが国巣や佐伯、蝦夷や熊襲、隼人など、土蜘蛛と称される各地の先住民であった。道の荒神、山河荒神とは、彼らの神なのか、それとも道路整備において立ちはだかった、物をいう草木・岩などの自然だったのか。稲作だけでなく、このような道路敷設においても、自然のコントロールは難しかったろう。

その過程の初期段階が、祟り神であるオホモノヌシであり、神武が戦った土蜘蛛たち、あるいはヤマトタケルの、道の荒神・山河荒神との戦いだったのだ。そして彼の最後は、伊吹山の荒ぶる神への挑戦と、その結果としての敗戦である。ところがこのヤマトタケルは、死後、白鳥となって天界へと飛翔するのだ。役割を終えた荒ぶる神々は、天界へと回収されたのか。

いずれにせよ、この荒ぶる神々の、天界から地上界、そして地下世界、そして再び地上界、天界への帰還は、その後の日本人の妖怪観に大きな影響を与えた。それは垂直移動だけではない。水平移動もある。それがオオモノヌシからヤマトタケルへと継承される。

大祓の祝詞では、都に生じた数々の罪は、根の国底の国へと流される。ところが道饗祭の祝詞では、根の国底の国から、荒び疎まし く来るものが都を目指す。そして儺の祭文では、その根の国底の国は、陸奥、遠値嘉、土佐、佐渡の海の底と定められる。このように神話的な垂直移動と、現実的な日本列島の水平移動が、虚構と現実を結びつけたのである。

本書では、荒ぶる神が妖怪という現象を引き起こしている、と考える文化について、地理学的に考えているわけだ。このような虚構と現実が混在した世界を、この祝詞群から読み取れる、垂直と水平の循環思想で解読することで、目の前にある物質としての景観を、生き生きとみずみずしい生命体として、これらネットワークの流れのなかで、蘇らせることができないだろうか。

たとえば、ヤマトタケルが天皇家から出た、荒ぶる神だったように、その後何人かの荒ぶる神が、この家から出ている。その最たる事例は、崇徳上皇であろう。崇徳上皇は保元の乱（一一五六年）を起こした罪で、讃岐へと流される。つまり天皇家内部から、罪を犯した者が出た。そして大祓のごとく、平安京から淀川を通じて流される。その先は讃岐国であった。そして彼は、天皇家を恨みながら崩御する。根の国底の国へと行ったわけだ。ところが、平安京の北に位置する愛宕山で、雲景という山伏が貞和五年（一三四九）に、崇徳上皇を目撃する。

『太平記』巻第二七の「雲景未来記の事」に、つぎのようにある。

出羽国の羽黒山に雲景という山伏がいた。この山伏が諸国修行を終え、都に上り、今熊野神社に居住して名所旧跡を訪ね歩いていた。貞和五年（一三四九）六月二〇日のことだった。嵯峨野の天龍寺を訪れようと、かつて大内裏のあった辺りを歩いていると、六十歳くらいの山伏が「そなたはどこへ行くのだ」と声をかけてきた。天龍寺に行く旨答えると、もっとすばらしい霊地があると言って、愛宕山に連れて行かれた。まことに仏閣が立派で身の毛がよだつ程だった。このままここで修行をしたいと思っていると、例の山伏が「ここまで来た想い出に、聖なる秘所を見せてさしあげよう」と言って、今度は本堂の後にある座主の坊（月輪寺）へと雲景を誘う。そこへ行ってみると、多くの貴僧・高僧が座っている。なかには衣冠束帯に、笏を持っている人もいる。恐ろしくなって、板張りの縁でうずくまって見ると、さらに御座を二畳敷きに重ね、その上に大いなる金の鳶の翼を広げて着座している人がいる。その右には、背丈が八尺くらいの大男が、大きな弓と矢を持って控えている。左の一座には、龍などの模様を刺繍した、天皇の礼服を着て、金の笏を持った人が居並んでいる。例の山伏に「どのようなお座敷ですか」と恐る恐る聞くと、山伏は言った。「上座なる金の鳶こそ、崇徳上皇におわします。そばの大男は為朝です。左の座におわしますは淳仁天皇、井上皇后、後鳥羽院、後醍醐院、彼らは悪魔王の棟梁なのです。その次の僧侶たちは、玄昉、真済、寛朝、慈恵、頼豪、仁海、尊雲等の高僧たちです。彼らは同じく大魔王となって、今ここに集まり天下を乱す相談をしているところです」と言った(10)。

場所は愛宕山である（第1章図1参照）。そこに根の国底の国に行ったはずの崇徳上皇が帰還し、地上界を乱す会議を行っている。神々が天界で、墜落した人類を滅ぼす相談をする、世界の洪水神話に似ている(11)。あるいは天孫降臨前の、高天原での神々の会議にも。そこに居並ぶのは、歴代の不運な死を遂げた天皇、武士、そして僧侶たちだ。そしてここでいう悪魔王の棟梁の首座にいる崇徳上皇は、もう半分は天狗になりつつあった。大きな金の鳶の翼を広げ、人間の姿で着座している。そして居並ぶのが流刑にあった歴代の天皇たち。彼らは悪魔王の棟梁になったとあるが、それはまさに荒ぶる神のことだったのだ。祝詞の世界でいえば、彼らは流され、根の国底の国へと送られ、浄化され、天界へと帰還し、さらに国神となり愛宕山に鎮座していることになる。

この荒ぶる神の出没地である愛宕山は、平安京を中心とした、祝詞群に出てくる、先の垂直・水平移動のネットワークを想定することによって、連続した流れのなかで生成される景観、として浮かび上がってくるのである。

このような手法で旅を続ければ、この後も妖怪という文化を探し求める巡礼の旅が、きっと生き生きとしたものとなるだろう。

注

(1) 虎尾俊哉編『延喜式　上』集英社、二〇〇〇、四八四～四八五頁。現代語訳に関しては、青木紀元『祝詞全評訳―延喜式祝詞・中臣寿詞』右文書院、二〇〇〇、二七九～二八一頁を参照した。
(2)『続日本紀　前篇』（新訂増補国史大系）吉川弘文館、一九八五、一三八頁。現代語訳は、宇治谷孟訳『続日本紀（上）』講談社、一九九二、三五〇頁を参照。
(3)『新訂増補国史大系　令義解』吉川弘文館、一九八三、七七頁。
(4) 虎尾俊哉編『延喜式　中』集英社、二〇〇七、三七七～三七九頁
(5)『続日本紀　前篇』（新訂増補国史大系）吉川弘文館、一九八五、一二七頁。現代語訳は、宇治谷孟訳『続日本紀（上）』

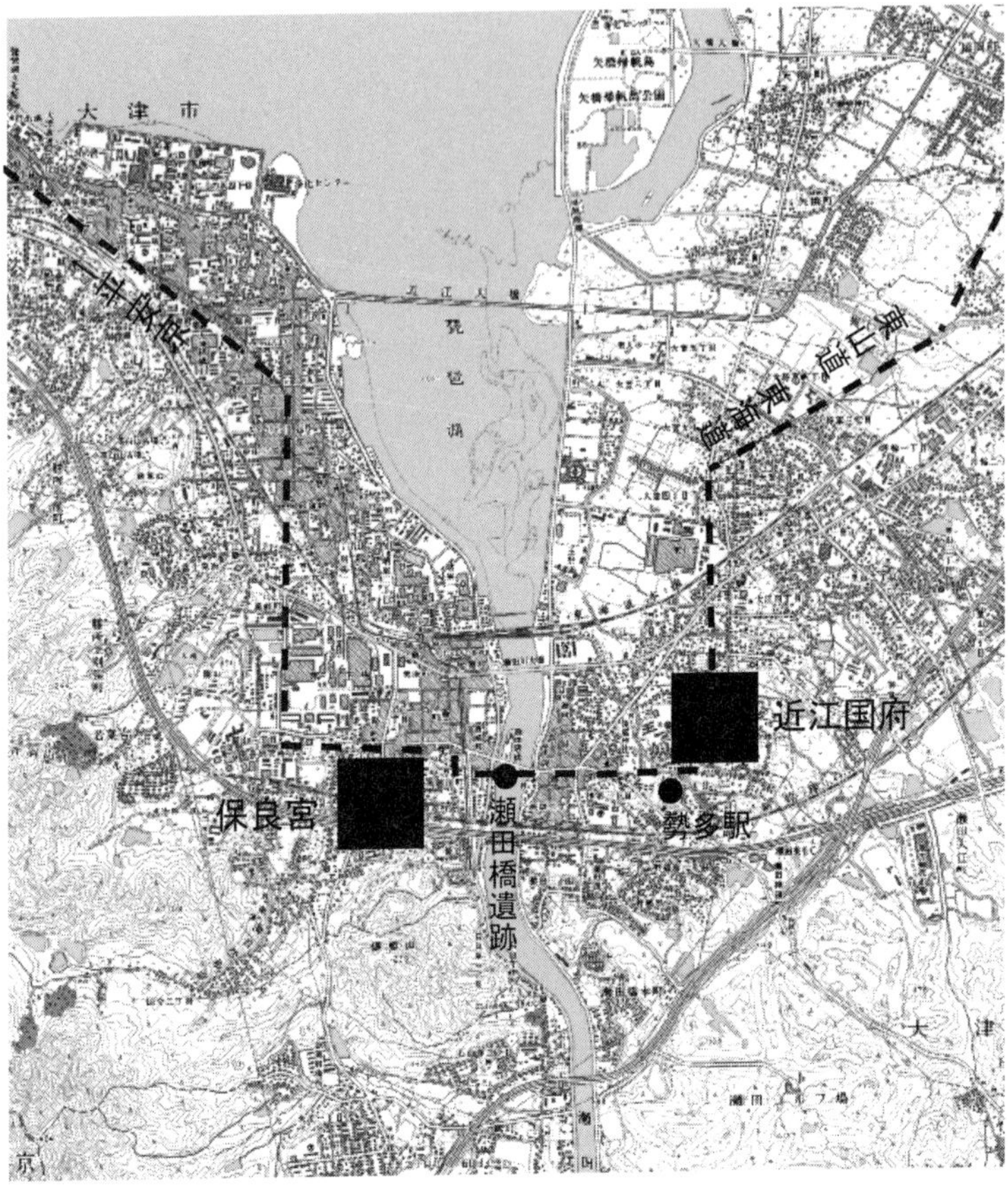

図 1　滋賀県大津市の瀬田橋と東山道・東海道
島方洸一他編『地図でみる西日本の古代』平凡社,
2009, 20, 21 頁を参照した.

8　中世の鬼、悪路王

さて、この古代律令国家が生み出した、荒ぶる神を祓い、そして止める、神話的世界観のネットワークは、その後、どの時代まで継承されたのだろうか、それとも、どこかで中断されたのだろうか。

（1）『田村の草子』

中世は室町時代に成立した、『田村の草子』という物語を見てみよう（1）。この物語は、世阿弥の作とされる能の『田村』や、鈴鹿峠周辺で語られた、坂上田村麻呂の悪鬼退治伝承が混在して成立した、と考えられている。

まずは物語の筋にしたがって、荒ぶる神や鬼の出没する場所、あるいはその対処方法など、これまでの記紀神話や「風土記」、祝詞などと関連する、様々な情報を追ってみよう。

この物語の主人公は、三代にわたって、朝廷に仕えた、特殊な能力を持つ、将軍たちである。まずは一人目の、俊祐《としすけ》将軍を紹介しよう。

彼は五十歳になるまで、子を持たなかった。平安京の五条あたりに住む俊祐は、ある秋の夜、嵯峨野で美しい女性と出合い結ばれる。そして念願の子ができる。なんとその子は、三年も母の体内にいた。生まれようとするその時、俊祐が産屋を覗くと、その母は大蛇であった。いわゆる異常誕生譚、といわれるモチーフである。酒呑童子や弁慶、あるいは平将門などが、そのようにして生まれたと語られる(2)。そして生まれたのが、この物語の二人目の主人公、俊仁《としひと》将軍であった。

俊仁が七歳の時、大蛇退治の宣旨が、つぎのように下る。

七歳の時、宣旨が下った。近江の国の、みなれ河という所に、くらみつ、くらへのすけ、という二匹の大蛇がいた。昔から、西へ向かう者を取り食べていたので、通る者がいなくなった。急いでこの大蛇を滅ぼせ、という宣旨だった。

みなれ河、とはどこのことをいうのだろうか。この二匹の大蛇は、ここまで古代の「風土記」などで紹介してきた、河や道にいて、人々の通行を妨害する、あの荒ぶる神の性質を、踏襲している。近江で西に向かう者を取り食べる、ということは、東国から平安京へ向かう者を妨害していることになる。であるなら、このみなれ河には、主要街道が通過していることになる。あの『播磨国風土記』の、出雲国から平城京へ向かう者たちの、往来妨害と同じ発想である。やはり荒ぶる神たちは、朝廷への先住民の服属を、嫌っているのだろうか。古代の「風土記」では西から都へ向かう者の妨害であったのが、この中世の物語では、東から都へ向かう者の妨害に変化している。

そしてその出現の有り様も興味深い。俊仁が、その河の縁に向かって、天神の御孫の天皇に従って、私と対面せよ、というと。

すると河の波が高く立ち上がり、風が強く吹き始め、五百あまりの軍兵は、水の泡のように消え失せ、一度に死んでしまった。

天神の御孫の天皇、という台詞は、ここまで述べてきた、妖怪の対処方法である、大祓などの祝詞と同じである。そして荒ぶる神が動く時、その描写は台風そのものなのだ。スサノヲがそうであったのを、思い出してほしい。この中世の物語は、古代の神話的世界観を色濃く残している、といっていい。

この二匹の蛇に、いつまでも対面することのできない俊仁は、六年間もこの河の淵にたたずむ。神仏にこの蛇との対面を願うと、川の水はなくなり、大蛇が二匹あらわれる。そしていう。おまえの母は私たちの妹なのだ、と。

俊仁は生まれながら、荒ぶる神の血を引いていたのだ。それはスサノヲやヤマトタケルのように、荒ぶる神と同じく、荒ぶる性質を有する、と説明される古代的価値観を踏襲しているわけだ。つまりこの時代も、まだ古代と同じく、神と鬼の境界があいまいなのだ。したがってここでは、普通の人間としてではなく、場合によっては鬼神ともなりうる、異常誕生を伴って語られているわけだ。

俊仁は、大蛇たちが母の兄弟であると知りながら退治し、天皇に叡覧させ、将軍の位を獲得する。ところが、十七歳の時、恋をした美女を天皇に取りあげられ、その上、伊豆へと流されることになる。失意のうちに瀬田橋を通過した俊仁は、つぎのようにいい捨てた。

しばらくして、近江の国の瀬田橋を渡ろうとした時、その橋板を激しく踏みならし、「俊仁こそ、流人となって東国に下るなり。みなれ河にて殺した大蛇どもの魂魄が残っているのであれば、都に上り、好きなようにするがよい」と。するとこの頃から、都では、多くの人が行方不明となり、

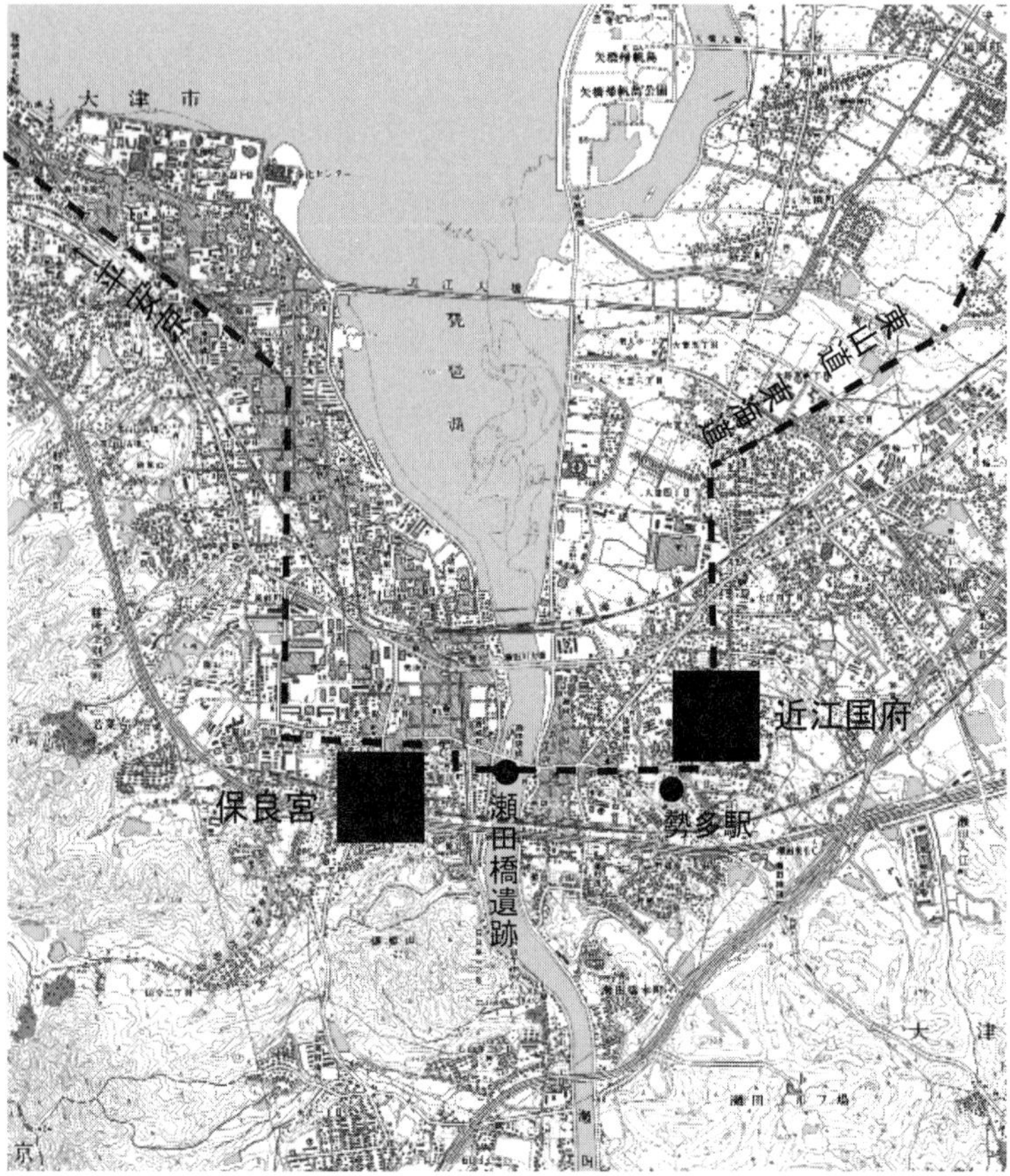

図 **1**　滋賀県大津市の瀬田橋と東山道・東海道
島方洸一他編『地図でみる西日本の古代』平凡社, 2009, 20, 21 頁を参照した.

日の暮れる頃は、皆門戸を閉じ、声をたてることすらなかった。そして昼も行き交う人がなくなり、都は浅茅ヶ原のようになった。

瀬田橋での彼の捨て台詞が、大蛇の魂魄を刺激し、都から人々が消えるのである。であるなら、みな河とは、現在の瀬田川をいうのだろうか。

平安京で、このような事件があると、きまって呼び出されるのが、天文博士である陰陽師である。俊仁将軍を都へ戻せば、この事件もおさまるでしょう、との天皇への奏聞があり、そのおかげで彼は都へ戻される。また瀬田橋を渡る時、大蛇たちはそのことを察知し、これは太刀打ちできないと、都から引き上げる。俊仁将軍が都に着くと、事件はおさまり、都の人々はたいへん喜んだ。このように見ると、どうもこの瀬田橋、という場所が重要な意味を持っていたようだ。

古代において、この瀬田橋から草津、栗東にかけての地域は、交通路の結節点として重要な役割を演じてきた。東海道・東山道が合流した後、この地域を通過して平安京へと向かうからだ（図１）。特に瀬田橋は壬申の乱（六七二年）や、藤原仲麻呂の乱（七六四年）などで戦場となり、この橋の争奪戦が、戦いの勝敗を決するほどであった。

そのような現実の戦においても重要な役割を演じた場所が、このような虚構の物語においても、平安京を魔術的に左右するような場所として描かれているのだ。まさに瀬田橋が、虚構と現実の架け橋なのだ。

ちなみに同じく室町時代の『俵藤太草子』においても、朱雀院の時代、この瀬田橋に大蛇が現れ、橋を往来する人々を困らせていた、とある。図２は瀬田橋の上にのたくっている大蛇の上を、悠然と渡る

図 2 『俵藤太絵巻』に描かれた瀬田橋と大蛇を踏みつけて渡る俵藤太
小松和彦監修『妖怪絵巻』(別冊太陽 170) 平凡社, 2010, 51 頁より.

俵藤太を描いたものである。この時代、瀬田橋にはこのような大蛇と結びつくイメージが、定着していたのだろう。そしてこの大蛇も、二十歳あまりの美女に化けて、俵藤太を夜半に訪問するのであった。俵藤太とは藤原秀郷のことであるが、彼も東国で猛威を振るった平将門を討伐した、という現実で知られている。

（2）陸奥国の鬼、悪路王

さて俊仁に、あの例の美女が、天皇から下され妻となる。ところがある日、参内している間に、つち風がこの妻を連れ去ってしまう。嘆き悲しむ俊仁の夢に、十二、三歳の三人の童子が現れ、つぎのようにいう。

先頭の童子が「俊仁将軍は、弓矢に優れ、鬼神も恐れ従う程の人なのに、寵愛の妻をつち風に取られて、嘆き悲しむとは、なさけないことよ」と笑っている。二人目の童子も「海山を探してでも、取り返さなければ、生きる甲斐もないだろう」と。そして三人目の童子が「俊仁ほどの者が、天狗どもをとらえて、問い詰めたのなら、恐れて妻の居場所をいうのではないか」。

その笑う声に目覚めた俊仁は、すぐさま愛宕山へと向かう。そして老僧に教えられた通り、帰途、谷川に渡した大きな木に、陸奥国の高山の悪路王《あくろおう》が犯人であると告げられる。そしてその大きな木も、おまえの母は私の妹だと告げる。この大きな木も蛇だったのだろうか。その後、三十七日の間、鞍馬に籠もって多聞天より剣を授かり、陸奥の国へと下るのであった。ところでどうして俊仁は、愛宕山と鞍馬に向かったのだろう。この時代もうすでに、愛宕山と鞍馬が天狗の住みかとして知られていたからだろう。そして陸奥国のはつせの郡、田村の郷で、ある女と一夜の契りをかわす。そしてもし忘れ形見ができたなら、この鏑矢をもって訪ねてこい、といい残して旅を続けるのであった。そしてこの時生まれた子が、三代目の俊宗《としむね》将軍となる。

さて、その頃、都ではやはり、多くの人が妻子を失っていた。そのなかには、貴族の妻や姫君も含まれていた。この悪路王の仕業だったのだ。ところでこの悪路王とは、一体何者なのだろう。私はこの名前が気になっている。なぜなら路という文字が入っているからだ。つまり古代の、道の荒ぶる神を連想させるのだ。

平安時代にも、似たような鬼の名前があった。承和十二年（八四五）のことである。山城国の綴喜《つづき》郡・相楽《さがら》郡（現在の京都府南部）で、三月上旬頃から、体が赤くて首の黒い、蜜蜂ぐらいの大きさの虫が大量発生し、牛や馬を刺し殺す事件が多発する。神官や僧侶に祓ってもらうが、終息する気配もない。そしてその荒ぶる気配は、北へと向かっているという。つまり平安京へ……。占ってみると、綴喜郡の樺井《かばい》社と道路鬼《どうろき》の祟り、と出た。そこで幣帛を奉り、供物を捧げた、との記録が『続日本後紀』に残っている(3)。平安時代になると、どうも「道路鬼」という妖怪がいたことになる。

先にも述べたように、平安時代、あるいはそれ以前の様々な記録によると、私たちの祖先は、私たちにさまざまな災厄をもたらす鬼や妖怪たちが、人間の作った道を伝って、都を目指す、と考えていた。「道路鬼」との呼び名は、そのような認識から、彼らの空間的特性を表した、鬼の一般名称の一つだったのかもしれない。それがゆえに、先にも述べた道饗祭という儀礼があったわけだ。悪路王という名も同じような認識を踏襲しているのではないか。

さらに「風土記」で見てきたように、この荒ぶる神が、先住民の神、あるいはある種の抵抗の象徴であったのではないか、とここまで述べてきた。実はこの悪路王も、秋田県や岩手県の伝説では、坂上田村麻呂の蝦夷討伐で抵抗した、蝦夷の首長だとされる(4)。

それら伝承によると、悪路王は現在の岩手県平泉町の、達谷窟《たっこくのいわや》（図3）に要塞を構えていたとされる(5)。

この地には田村麻呂が、京都の鞍馬寺を模して創建したとされる毘沙門堂があり、一〇八体の多聞天が、北方の鎮護として安置されている[6]。

　またこの窟の近くの一関市には、蝦夷討伐のために、宝亀十一年（七八〇）に造営された、覚鱉城《かくべつじょう》が想定されている（図3）。ここにも虚構と現実が混濁した、寺や洞窟などの物質と、伝承としての言説が、古代のネットワーク上に見いだせるのだ。

　さてその悪路王の要塞は、銅の壁で作られ、黒金の門を四方に配し、門番がいた。だいたい室町時代の鬼の城は、このように描写されることが多い。何とかして城内に入った俊仁は、なかで多くの女性の泣き声を聞く。その方へ行くと、貴族の女房たちのなかに、我が妻も発見する。彼女たちは悪路王は

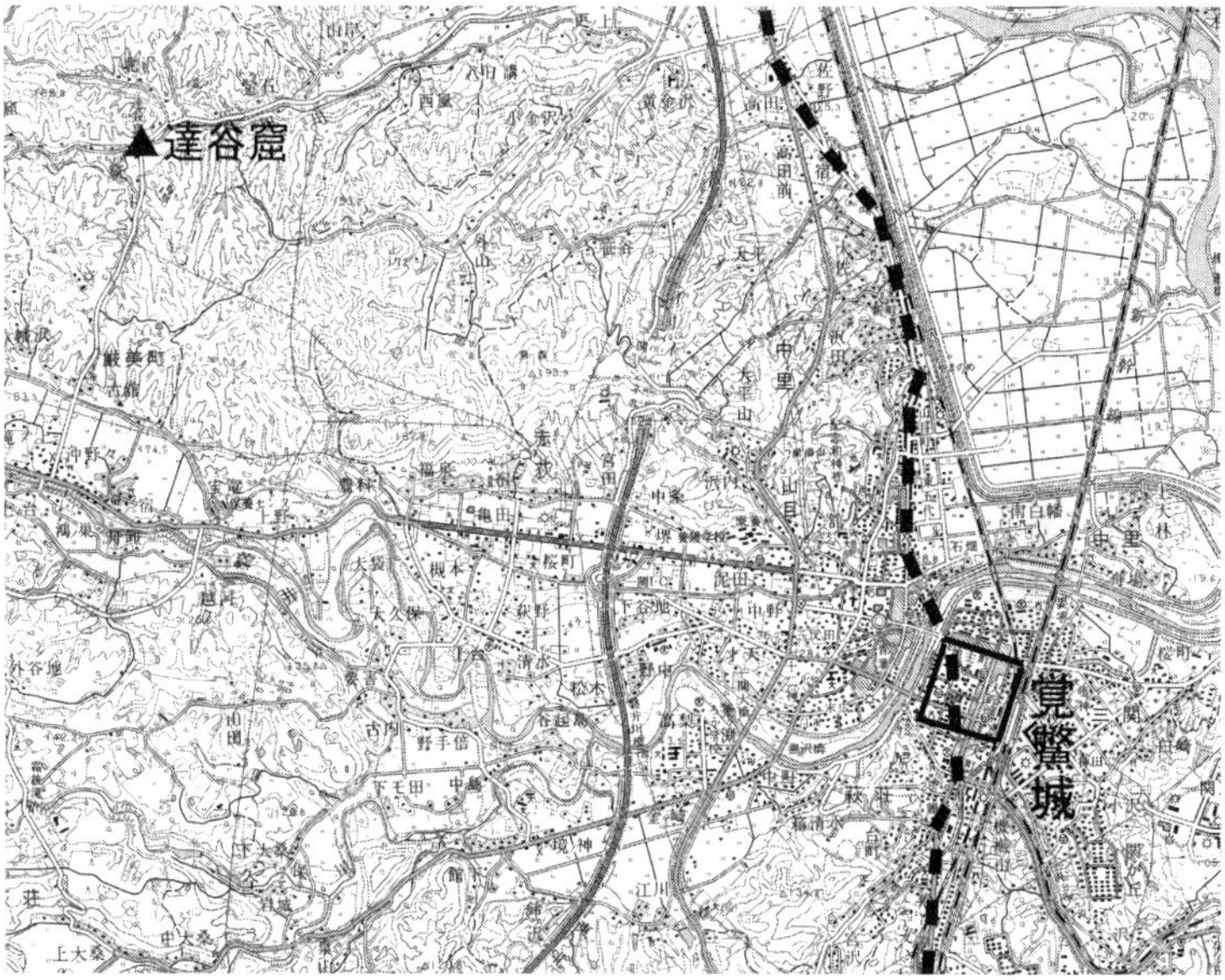

図3　岩手県一関市の東山道と覚鱉城と達谷窟
島方洸一他編『地図でみる東日本の古代』平凡社，2012，212頁を参照した．

今、越前へ行って留守だという。仲間たちとなかの様子を見ると、たくさんの大きな桶に、多くの人が寿司となって詰め込まれている。また十四、五歳の稚児が串刺しにされている。さらに、二、三百の法師の首が、数珠のようにつながれ、軒の下にぶらさがっていた。

しばらくすると、にわかに空がかき曇り、雷が鳴り、雷光が飛び交い、まるで山を崩すような鬼の声がする。まるでスサノヲである。悪路王は門番がいないのに気づき、侵入者を睨み殺そうと飛んでくる。俊仁が多聞天にもらった剣を投げると、鬼の首はことごとく落ちたのであった。

こうやって悪路王を退治し、都に凱旋した俊仁のもとに、先の忘れ形見がやってくる。そして田村丸と名づけるのであった。田村丸は器量は人より優れ、やがて坂上俊宗と名乗った。この名前から、彼が坂上田村麻呂をモデルとしている、といわれるのだろう。この後、物語は俊仁将軍が唐土に攻め入る展開となるが、敗戦し首を打ち落とされてしまう。俊宗は、父の亡骸が流れ着いた博多の浦まで、取りに行くのだった。

（3）奈良坂の金礫りょうせん

さて、三代目の俊宗にも鬼退治の宣旨が下った。大和国の奈良坂に、金礫を打つ、りょうせんという化生の者が出て、都への貢ぎ物を奪い、多くの人の命を奪う事件が起こったからだ。このりょうせんの場合も、人々の通行を妨げる、荒ぶる神の性質を踏襲している。具体的には、平安京の朝廷への、貢ぎ物の妨害ということになる。「風土記」の荒ぶる神も、そうだったのだろう。なぜなら貢納は、服属のあかしなのだから。

宣旨を受けた俊宗は、五百騎の兵を連れて奈良坂へと向かう。そして色の良い小袖を木々の枝に掛け並べて、りょうせんの来るのを待った。

すると背丈が六メートルもある、異様な風体の法師が現れる。そして「この奈良坂で、このような美しい着物を並びたてるとは、この法師を憚ろうとしているな」と大笑いする声が聞こえる。俊宗が駒を駆け寄せ御門への貢ぎ物を渡すわけにはいかない、というと、まずは三郎礫と名づけられた、三百両の金の礫《つぶて》が打たれた。天地が響き、鳴神のようだった。それを俊宗は扇で打ち落とす。

つぎに次郎礫が打たれるが、またもや同じように打ち落とされてしまった。最後に太郎礫が打たれた。それはたとえ山を盾にしようとも、微塵に打ち崩してしまうほどの、六百両の金を使ったものだった。その腕前は、唐土にて五百年、高麗国にて五百年、日本で八十年、この奈良坂で三年かかって磨いたものであった。この礫が打たれると、百千の雷が、一度に落ちたか、と思うほどの威力であった。五百騎の兵は、この音を聞いて、皆ひれ伏してしまった。

ところが俊仁ひとりは、少しも騒がず、鎧の端で蹴落としたのであった。これを見たりょうせんは、さすがに山へと逃げはじめる。俊宗は三代に渡って受け継いできた、あの神通の鏑矢を、りょうせんに向けて射放った。この矢は、七日七夜、たとえりょうせんが海に逃げようが、山に逃げようが、追い続けた。そしてついにりょうせんは、降服するのであった。

俊宗は、りょうせんを捕縛して都へと凱旋する。御門に叡覧した後、りょうせんは船岡山で処刑される。その首は八人がかりで切り落とされた。その後、獄門にかけられ、行き交う者たちにさらされた。そして俊宗が十七歳の時、将軍となり、陸奥国のはせの郡、そして越前を下される。

このりょうせんが出没する奈良坂とは、一体どのような場所だったのだろう。この奈良坂は平安京のある山城国と、かつて平城京のあった大和国の国境に位置する（図４）。『続日本紀』光仁天皇宝亀元年（七七〇）の記事に、「都の四隅、畿内の十の堺にて疫神を祭る[7]」とある。その十の堺とは、『延喜式』によると、「①山城と近江、②山城と丹波、③山城と摂津、④山城と河内、⑤山城と大和、⑥山城と伊賀、

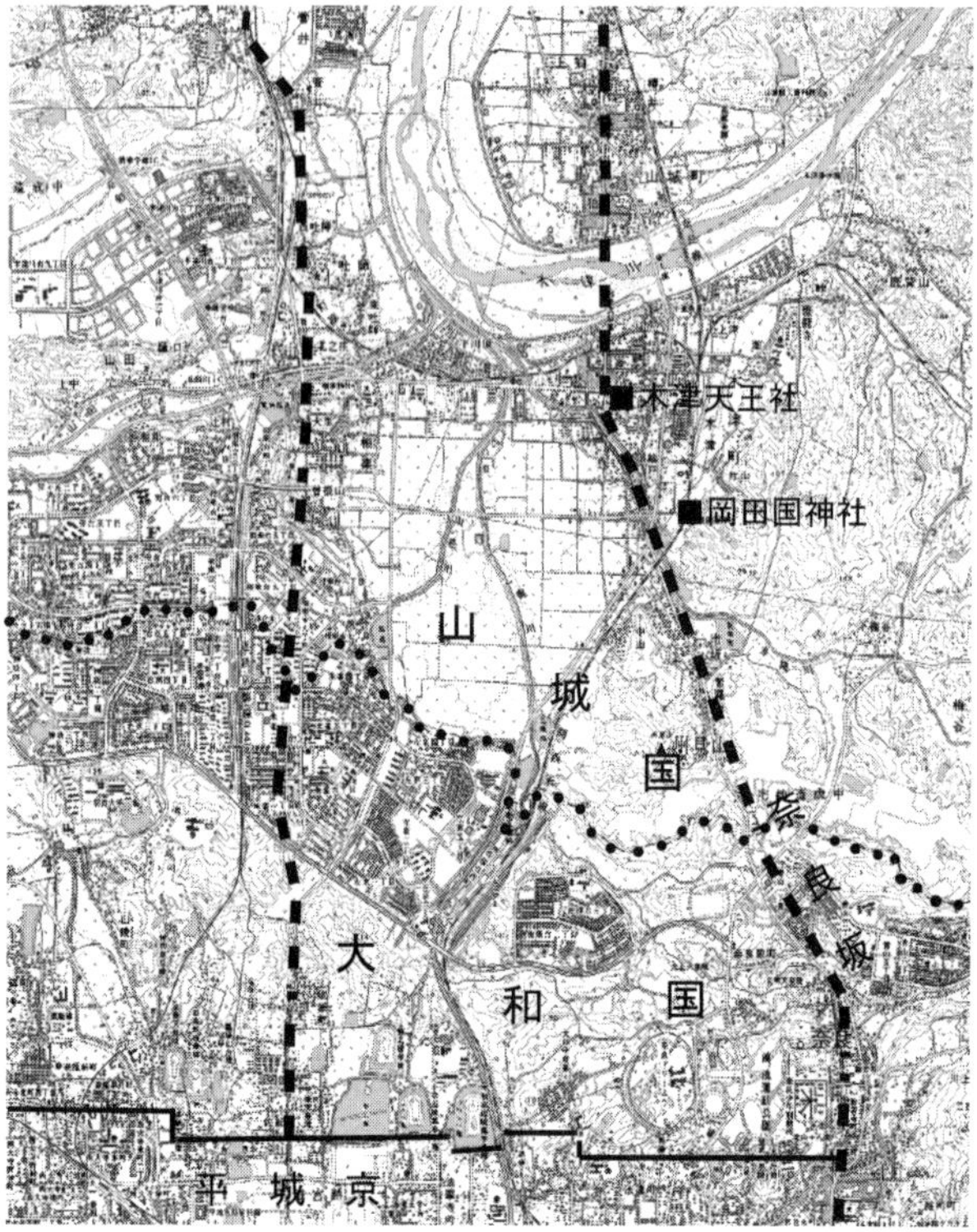

図４　京都府と奈良県の県境にある奈良坂と古代の交通路

島方洸一他編『地図でみる西日本の古代』平凡社, 2009, 23 頁を参照した.

⑦大和と伊賀、⑧大和と紀伊、⑨和泉と紀伊、⑩摂津と播磨[8]」の各国の堺とある。

つまりこの奈良坂とは、疫神を祭る畿内の十の境のうちの、⑤の山城と大和にあたるわけだ。第3章で「宝亀八年（七七七）三月十九日　大祓をした。宮中で頻りに妖怪が有ったために」の、前後の記事を検討したところを思い出して欲しい。その二十日ほど前の記事につぎのようにあったことを。「二月二十八日　使者を遣わして、疫病の神を畿内五カ国に祭らせた」とあるのは、この場所のことである。妖怪とされる現象が生じると、この奈良坂でも疫神を祭っていたのだ。疫神とは疫病を人々に蔓延させる神であると同時に、丁重に祭れば止まってくれる、あの道饗祭の「荒び疎ましく来る物」のことである。その祝詞によれば、彼らは根の国底の国からやってくる。それは、この物語で注目されている陸奥国の、その先の海の底であったわけだ。

この『続日本紀』の記事の場合、時の都は平城京であった。奈良坂のある街道は、陸奥国に通じる東山道でもあった。そこにこの、りょうせんが出没したのである。前章で述べたように、道饗祭とは、複数の道が交差する衢と呼ばれる場所で、御神酒や山海の珍味、織物、動物の毛皮などで、疫神たちを接待する祭礼であった。

そういえば俊宗は、りょうせんを呼び出すのに、色の良い小袖を用意していたではないか。つまりこれら国境近くの、道路が複数交差する衢で、疫神たちへのおもてなしが、行われたことになる。であるならこれら場所は、鬼や妖怪たちを封じる場所でありながら、お呼びして接待する場所、つまり妖怪たちの出没場所、でもあったのだ。したがって、これらの場所に、鬼や妖怪たちの伝承があって当然なのだ。

図4の奈良坂の街道沿いに設置された、木津天王社は「祇園さん」と呼ばれ、スサノヲを祭っている[9]。天王社とは牛頭天王《ごずてんのう》のことでもある。まさに疫神である。さらに岡田国神社は、その名の通り国神を祭っ

ている。本書でいうところの、荒ぶる神である。

このように、ここでも、虚構として描写された言説の背後には、現実としての空間情報や宗教施設、祭礼という人々の行為実践が、混ざり合ってネットワークを形成しているのである。りょうせんという、六メートルもある金の礫を打つ法師がいたとは、決して思わない。しかし地図上にある様々な地理情報を確認すると、そのような虚構を受け入れる、人々の認識世界が、確かに浮かび上がってくるのである。

注

(1) 本書では、横山重・松本隆信編『室町時代物語大成　第九』角川書店、一九七八、八〇～一〇九頁にある、天理図書館蔵「田村の草子」を使用した。

(2) 佐竹昭広『酒呑童子異聞』岩波書店、一九九二。

(3)『新訂増補国史大系第三巻　日本後紀・続日本後紀・文徳天皇実録記』吉川弘文館、一九三四、一七七頁。

(4) 野村純一編『日本伝説大系　第2巻』みずうみ書房、一九八五、七九～八八頁。

(5) 平野直『岩手の伝説』津軽書房、一九七六、三三一～三三五頁。

(6) 小形信夫編著『陸中の伝説』第一法規出版、一九七六、七八頁。

(7) 宇治谷孟訳『続日本紀（下）』講談社、一九九五、三八頁。

(8) 虎尾俊哉編『延喜式　上』集英社、二〇〇〇、一四三頁。

(9) 関口靖之「疫神祭祀地と主要交通路――『延喜式』にみる畿内十堺の検討――」『地理学報』第二八号、一九九二、一一一～一二八頁。

9　鈴鹿山そして岩手山の大嶽丸

（1）鈴鹿山の大嶽丸

その二年後のことである。またもや事件が起こる。伊勢国の鈴鹿山に大嶽丸《おおたけまる》という鬼神が出て、行き交う人を悩まし、都への貢ぎ物も絶えてしまったのである。そして俊宗に大嶽丸討伐の宣旨が下る。俊宗は三万騎の兵を集め、鈴鹿山に押し寄せた。それを知った大嶽丸は、山の峰の黒雲にまぎれて、火の雨を降らせ、雷を落とし、暴風を起こし、攻める隙を与えなかった。

ここまでの描写も、古代の道の荒ぶる神、そしてスサノヲの嵐を踏襲している。

攻めあぐねていた俊宗は、ある夜、老人の夢を見る。大嶽丸を討ちたいのなら、鈴鹿山に住む鈴鹿御前という天女に頼め、というお告げだった。この鈴鹿御前とは、大嶽丸が恋い焦がれる、鈴鹿山に天降っていた美しい天女であった。そこで俊宗は三万の兵を都に帰し、単身鈴鹿山へと忍び入った。夕暮れに山中でまどろんでいると、美しい鈴鹿御前が立ち現れる。鬼の謀略か、と剣を隠して見ていると、鈴鹿御前は、

　目に見えぬ、鬼の棲み家を、知るべくは、我がある方に、しばし留まれ

と歌って、かき消すようにいなくなった。俊仁は後をつけたが、見失ってしまう。そしてこの美しい鈴鹿御前に恋をしてしまうのだった。この雑念を消して、大嶽丸討伐に専念したいと思うのだが、俊仁はこの御前が忘れられない。

かいまみし、面影こそは、忘られぬ、目に見ぬ鬼は、さもあらわれ

と、つぶやきながら、ただ呆然としていると、鈴鹿御前が目の前に現れ、ついに二人は結ばれるのであった。月日が流れたある夜、睦言に御前は話しはじめた。「私はこの山にやってきて、三年たちます。あなたは、この山の鬼神を、討伐しようと来られたのでしょうが、おそらく、このままでは無理でしょう。そこで私が、お助けいたします。大嶽丸は、私と契りを結ぼうと、言い寄ってきます。その機会を利用すれば、容易く討てるでしょう」と。

それを聞いた俊仁は、大嶽丸の住み処を知るべく、探索に出る。数々の山や峰に立ち入って、ついに大きな洞穴を見つける。入って見ると、満々たる霞の中に、黄金の甍が見えるではないか。黒金の門を入ると、つぎには白銀の門がある。さらに行くと黄金のそり橋が架かっている。その荘厳さは、まことに極楽世界か、と見まがうほどだった。これもこの時代の、鬼ヶ城の典型的な描写、といえよう。

屋敷の内部には、四季の庭があった。東には春の景色が、南には夏の夜の明け方が、西には秋風の吹く紅葉の、北には冬の雪景色が。そしてその奥を見ると、黄金の扉に、白銀の柱があり、一段高くなったところに、まるで氷のように輝く剣や矛、黒金の弓が立ち並んでいる。きっとそこが、大嶽丸の居所にちがいない。

勇んだ俊宗は、例の三代つづく鏑矢を射ようとするが、鈴鹿御前は制止する。そしていった。「大嶽丸には三つの怪剣があり、日本中が攻めてもかないません。大嶽丸は、今夜も私の所へ言い寄ってくるはずです。今夜は家に招き入れ、その三つの剣を預かって、盗んでしまいましょう。そうすれば、簡単に討てるでしょう」。

案の定、日が暮れると、大嶽丸は美しい童子に化けて、鈴鹿御前を訪ねてきた。いつもは相手にしないのだが、今日は違う。招き入れ、俊宗というくせ者に狙われているので、あなたの三つの剣を貸して欲しい、と懇願した。すると大嶽丸は気前よく、二つの剣を鈴鹿御前に渡すのであった。もう一本の剣は、三面鬼という大嶽丸の叔父に預けて、今はないということであった。そしてこの二つの剣は、手は ず通りに、俊宗のもとへと届けられたのであった。

大嶽丸討伐の準備を調えた俊宗は、鈴鹿御前の家で待ち受ける。そうとも知らず、訪ねてきた大嶽丸との戦いが、ついに火ぶたを切って落とされた。美しい姿の童子は、三十メートルにも背丈が伸び、鬼神となって襲いかかってくる。その瞬間、俊宗の両脇を、千手観音と鞍馬の多聞天が堅め、降りかかってくる矛を、ことごとく払い落とす。怒った大嶽丸は、数千騎の鬼神となり、俊宗に迫ってくる。

ここぞと田村は冷静に、あの神通の鏑矢を射放った。するとその矢は、千万の矢先となり、鬼神たちに降りかかり、ある者は討たれ、痛手を負い、四方に散っていった。俊宗があの怪剣を投げると、大嶽丸の首は討ち落とされた。俊宗は、その首を都に持ち帰り、御門に叡覧して、褒美として伊賀国を賜ったのだった。

それでも俊宗は、鈴鹿御前を忘れられず、都には滞在せず、鈴鹿山へと戻り、二人の間に姫君をもうける。しかしながら、都へも戻らねばならない。俊宗は御前と娘を都へと誘うが、御前は「私は、鈴鹿山の守護神となって、都を守ります。たまにはここに帰って来て下さい」というのであった。

　さて、その鈴鹿山である。どのような場所だったのだろう。図1は、鈴鹿峠周辺の、古代の交通路と関所などを示した図である。鈴鹿峠を古代の東海道が通過しているのがわかる。ただし鈴鹿峠を東海道が通るようになるのは、平安時代以降である。したがって大嶽丸が、行き交う人々を殺し、そして貢ぎ物を奪っていたのは、平安時代からのこととなる。

　しかしながら鈴鹿関《すずかのせき》は、もっと古くからあった。関の設置に関する最も古い記録は、第7章でも紹介した、『日本書紀』大化二年（六四六）の大化改新の詔その二にある「京師（都城）を創設し、畿内・国司・郡司・関塞（防

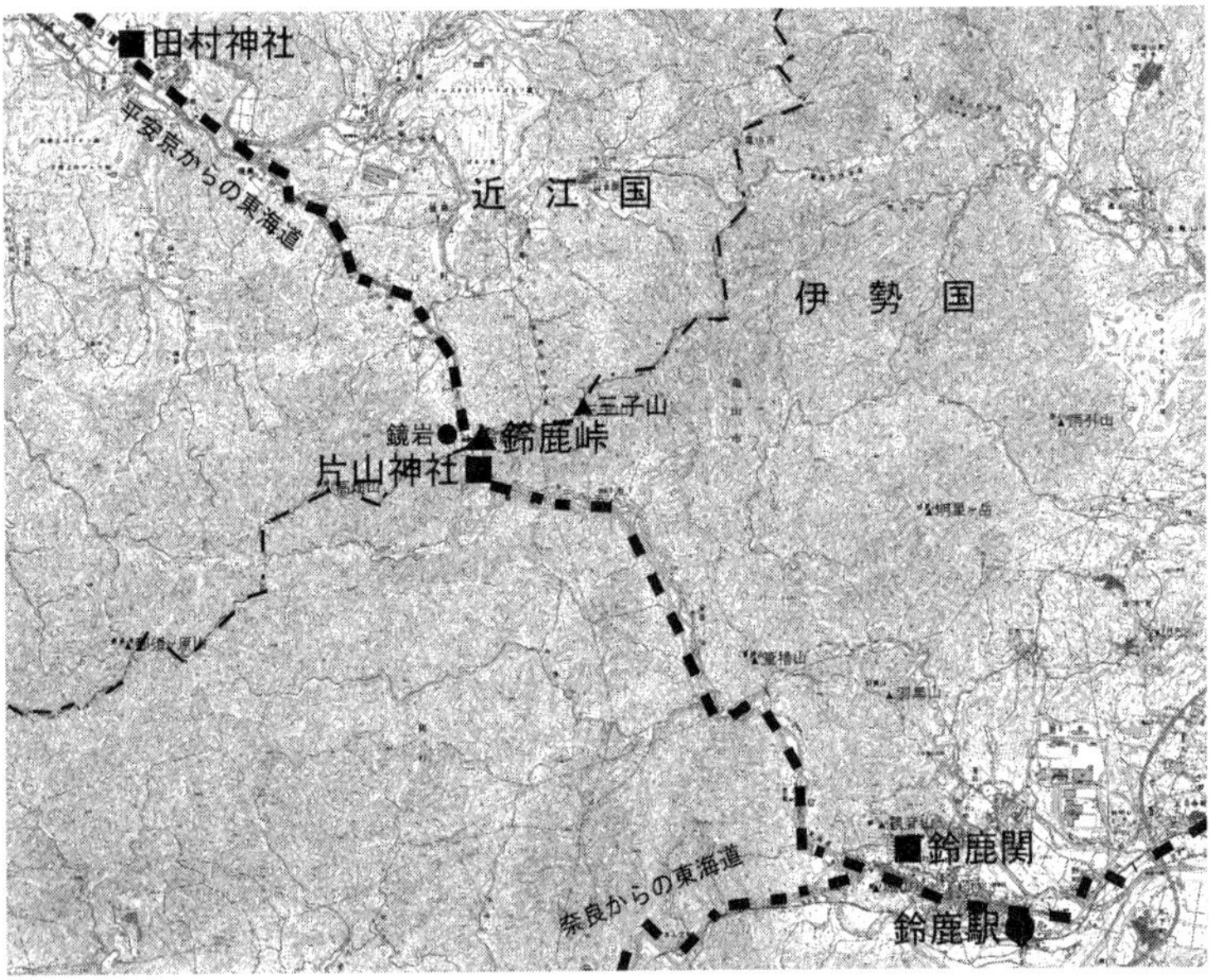

図1　鈴鹿峠周辺の東海道と鈴鹿関
島方洸一他編『地図でみる東日本の古代』平凡社, 2012, 28, 29 頁を参照した.

衛施設)……を置く」の関塞である。この時に、鈴鹿関があったかどうかは不明であるが、壬申の乱(六七二年)の記事に、大海皇子へ「鈴鹿関司が使いを遣わした(1)」とあることから、大津京の時代にはあった。
また養老令(七一八年)の注釈書『令義解』(八三三年)「軍防令」に「三関《さんげん》」とあり、「伊勢鈴鹿、美濃不破、越前愛発《あらち》」があげられている(2)。『続日本紀』宝亀十一年(七八〇)六月「鈴鹿関の西の内城で太鼓が一度鳴った」、天応元年(七八一)三月「鈴鹿関の西側中央の城門の太鼓が自然と三度鳴る」、同年五月「鈴鹿関の城門と守屋四棟が、十四日から十五日まで、自然に家鳴りして止まなかった」とある(3)ことから、その関の規模も、かなりの大きさであったことがわかっている。このように鈴鹿関は、平安時代以前から、すでにあったのだ。であるなら、奈良に都があった頃の東海道は、近江からではなく、伊賀(西)の方から入ってきていたことになる(図1)。つまりこの話には、適合しない。
またこれら三関は、天皇が病気になったり、謀反が起こった時などの重大事に閉鎖された。その初見は、養老五年(七二一)十二月の記事にある。

十二月七日　太上天皇(元明天皇)が、平城宮の中安殿で崩御された。時に御年六十一歳であった。使者を派遣して、三関を警護させた(4)。

その後も、七二九年の長屋王の変、七五六年の聖武太上天皇の崩御、七六四年の恵美押勝の乱でも、三関は閉められている。ところが桓武天皇の延暦八年(七八九)には、これら三関は防御には不要なうえ、交通の妨げになるとして廃止される(5)。この物語の主人公が坂上田村麻呂かどうかは不確かであるが、もし彼をモデルとしているのであれば、この三関廃止の時代と一致する。大嶽丸の活躍は、この時代この関の通過が、比較的容易かったからなのかもしれない。そして桓武天皇の崩御（八〇六年）に際して再び、三関が復活し閉じられるのであった(6)。

（2） 鈴鹿峠のことばと物

前章の頭で、この『田村の草子』という中世の物語は、世阿弥の作とされる能の『田村』や、鈴鹿峠周辺で語られた、坂上田村麻呂の悪鬼退治伝承が混在して成立した、と考えられている、と紹介したが、ではどのような伝承が残されているのだろう。

日本各地の伝説を集積した『日本伝説大系』の第九巻（三重・奈良・大阪・和歌山）に、坂上田村麻呂の伝承がある(7)。それによると三重県亀山市関町には「鈴鹿峠頂上の南崖に「鏡岩」があり、鈴鹿峠の鬼女立烏帽子が鏡として使ったものだという。この鏡岩のそばに鈴鹿山の鬼人を退治したという坂上田村麻呂を祀った田村社の跡がある」と。この伝承は『鈴鹿関町史』の引用であるが、それによるとこの鏡岩（図2）は鈴鹿峠の荒ぶる神の磐座で、鈴鹿姫、鬼丸、大嶽丸などの伝説を生みだし、その後、鈴鹿権現へと変化したのだろうと推測している。

また伝承だけでなく、『室町殿伊勢参宮記』応永三十一

図 **2**　鈴鹿峠の鏡岩
撮影：佐々木.

年（一四二四）の記録「鈴鹿姫と申す小社の前に、人々祓などし侍るなれば、しばし立ち寄りて、心の中の法楽ばかりに、かの立烏帽子の名跡の根元も不思議に思えてくる。鈴鹿姫、重き罪をば改めて、鏡の石も神となるめり」を紹介している(8)。これら伝承にある鬼女立烏帽子、鈴鹿姫は、この物語の鈴鹿御前と同一のようだ。このようにみると、どうも鈴鹿御前も、荒ぶる神の性格をもっていたようだ。同時代の御伽草子である、『鈴鹿の草子』においても、鈴鹿御前は鬼の側にいる。先にも述べたように、まだこの時代は、鬼と神の境界はあいまいなのだ。

滋賀県側にも、伝承が残っている。それは図1の近江側にある、田村神社の伝承である(9)。

むかしむかし、鈴鹿の峠には鬼神が住んでいた。この鬼神、ときには美女に変身することもあった。旅人を襲う盗賊になったり、時には旅人の目だけを狙うこともあったりした。このうわさは、時の嵯峨天皇の耳にも入るほどであった。天皇からこの鬼退治を命ぜられた田村麻呂は、京都の清水寺に祈願して観世音菩薩の霊感を得、さっそく軍を整えて鈴鹿山に向かった。峠付近に軍を移した時、あやしいほど荘厳な屋形と美しい娘が現れて軍を惑わせたり、突如消えたと思えば鬼神が現れ、悩ませた。しかし、ついに観世音菩薩に守護された田村麻呂の弓矢の前に鬼神は敗れた。田村麻呂はこの鬼神に対し「鬼丸よ生まれ故郷に帰るがよい」というと、鬼神は「この鈴鹿姫の片目を治して下さるなら、私は峠の守り神となっていつまでもこの地にとどまりましょう」といって石仏になった。田村麻呂が鬼神に勝った日が二月十八日であり、この時に残った一本の矢を放って落ちたところが今の田村神社の地だった。そして、残された鈴鹿姫は後に田村麻呂と一緒にこの地に住んだ(10)。

図 3　田村神社本殿前の厄除矢
撮影：佐々木.

その田村麻呂が放った矢は、落ちた場所で根をつけ、現在も厄除矢として、田村神社本殿の前にある（図3）。そして二月十八日の前後三日間は、田村神社で厄除けの大祭が行われている。この伝承も、ところどころ『田村の草子』の物語と近いところもある。がしかし、ここでも姫は鬼であり、後に峠の守護神ともなっているのだ。

もう一つ重要な神社がある。式内社片山神社である。縁起によると、本社はもと三子山にあったが、火災により永仁二年（一二九四）に現在の場所に移された（図1）。現在も焼失して鳥居が残るのみである（図4）。

図 4　鈴鹿峠の伊勢側にある片山神社
撮影：佐々木.

興味深いのは、この神社に祀られている神々である。倭姫命・瀬織津姫命神・気吹戸主命神・速佐須

良姫命神・坂上田村麻呂命・天照大神・速須佐之男命・市杵嶋姫・大山津見神である(11)。

最初のヤマトヒメは、伊勢神宮の斎宮（伊勢神宮に奉仕した未婚の皇女）の起源に関わるもので、この鈴鹿峠が斎宮の群行（伊勢に出向すること）に使われていたことから祭られているのであろう。そして本書との関わりでいえば、あの悩めるヤマトタケルに、草薙剣を渡したのがこのヤマトヒメであった。

つぎのセオリツヒメ・イブキドヌシ・ハヤサスラヒメは、あの妖怪が有ったときの対処方法、大祓の祝詞に出てきて、災厄を根の国底の国へと流す神々である。もう一度思い出して欲しい。「山から勢いよく落下してくる、流れの早い川の瀬におられるセオリツヒメが、罪を川から大海原に流してしまうであろう。それを流れが会する渦におられるハヤアキツヒメが、流された罪を呑み込んでしまうだろう。つぎにそれを息を吹き出す戸口の所におられるイブキドヌシが根の国底の国に吹き飛ばすであろう。そしてそれを根の国底の国においでになるハヤサスラヒメが消え去ってしまうだろう」という一文を。ただしハヤアキツヒメだけが抜け落ちている。

そしてつぎに、この話の中心人物である田村麻呂が祭られている。伊勢神宮の祭神アマテラスとあって、やはりこのような場所にはスサノヲが祭られる。イチキシマヒメはアマテラスとスサノヲのウケヒ（誓約）神話でアマテラスが生み、スサノヲの子とされる、宗像神社の三女神の一人である。オオヤマズミは山の神である。

このように、これまで述べてきた、妖怪を祓う際に登場する神々が、ここに祭られているのだ。それはこの峠が、根の国底の国から、道を伝ってやって来る、荒ぶる神々を、宮中や畿内に入れないために停止させる場所である、と認識されていたからであろう。道饗祭では、このような場所で、荒ぶる神を接待していたのであるから、当然ここに荒ぶる神々や鬼、妖怪の伝承が、集中することになるのだ。先に紹介した『室町殿伊勢参宮記』応永三十一年（一四二四）の記録「鈴鹿姫と申す小社の前に、人々祓などし侍る……」とあるように、ここで大祓を、そして道饗祭もおそらくしていたにちがいない。

この鈴鹿峠（図5）には、様々な伝承や記録、文学作品などのことばから、関所、神社、鏡岩、交通路などの物も含めて、都を中心とする権力と、地方に偏在する抵抗勢力、先住民などのネットワークが絡み合って、虚構と現実の世界が渦巻いているのだ。

（3）岩手山の大嶽丸、そして京都の宇治

さて『田村の草子』という物語は、まだ終わっていない。都に戻った田村に、今度は近江国の悪路の高丸という鬼の討伐命令が下る。やはり行き来する人を妨害する道の荒ぶる神である。そこで高丸ヶ城（場所不明）を攻めるが、今までの鬼ヶ城と同じく、石の築地を高く築き、黒金の門を閉じ固めて、攻められない。ここで俊宗は、田村将軍藤原俊宗と名乗っている。

これまでの鬼と違うのは、かなりの広域を移動する点である。高丸は雲に乗って信濃国のふせやか岳（場所不明）、そして駿河国の富士岳、そして最後は日本の境に岩をくり抜き、城として引きこもってし

図5　滋賀県甲賀市の田村神社上空から見た鈴鹿峠
ドローン撮影：西本和希.

まう。それは海の中であった。まるで大祓や道饗祭に出てくる、根の国底の国である。ここでも田村は、鈴鹿御前の援助を得て、悪路の高丸を討ち取る。

都に凱旋した後、二人は平穏に鈴鹿で暮らしていたのだが、鈴鹿御前はつぎのような予言をする。「この一年の間に、大嶽丸の魂魄は、残ったもう一つの怪剣を、天竺の三面鬼の叔父から取り戻して、日本に渡り、陸奥の国の霧山岳（岩手山）に立てこもり、世の妨げとなりましょう」と。それを聞いた田村は、急ぎ都へと戻り、鈴鹿御前にいわれたとおり、名馬を買い求め、陸奥国の岩手山へと向かう。

その頃、予言通り、大嶽丸の魂魄がもとのようになって、岩手山で人を襲っている。大嶽丸は山をくり抜き、入り口は大きな石を扉にしている。この表現は、「風土記」に出てくる先住民、土蜘蛛に似ている。『常陸国風土記』の土蜘蛛は「いたるところの山野に穴倉を掘っておき、いつも穴に居住し、外部の人がやってくると穴倉に入って身を隠し」ている。

第6章で紹介した、あの「陸奥国風土記逸文」の土蜘蛛は、八カ所の石室に要塞を作っていた。またその土蜘蛛を「日本武尊が、槻で作った神聖な弓矢を手に取り、まず七発、つぎに八発の矢を放った。すると七発の矢は雷のように鳴り響き、蝦夷の一群を追い払った。八発の矢は、八人の土蜘蛛を射殺し、たちどころに殺してしまった。その時に土蜘蛛を射た聖矢は全て土に刺さり、芽が生えてついに槻の木となってしまった」との描写も、田村が大嶽丸に放った鏑矢にも、さらに田村神社に根を生やし、厄除矢となった矢、とも似ているのだ。

物語に戻ろう。なんとか田村が、その城に攻め入ると、大嶽丸は蝦夷嶋に行って留守であった。するとにわかに空が曇り、雷がして、黒雲の中から、すざまじい鬼の声がする。鬼はいった。「おやめずらしい田村殿、お久しいことだ。伊勢の鈴鹿山にて私を討ち取ったと思っていただろう。ところが天竺に魂を一つ残しておいたのだ」と、笑いながら、あの残りの怪剣を振りかざしたのだった。

するど田村は応酬する。「これはうれしいことだ。二つの剣はもらって、日本の宝とした。今ひとつの剣が心残りだった。これはご持参いただき有り難い」と。これを聞いた大嶽丸は怒った。面が三つもある赤い鬼、あの三面鬼が躍り出て、大きな石を雨が降るがごとく、田村に打ちつけた。ところが一つもあたらない。その隙に田村は、例の鏑矢を射放った。すると三面鬼にあたり、露のごとく消え去ったのであった。

今度は、すぐさま大嶽丸が

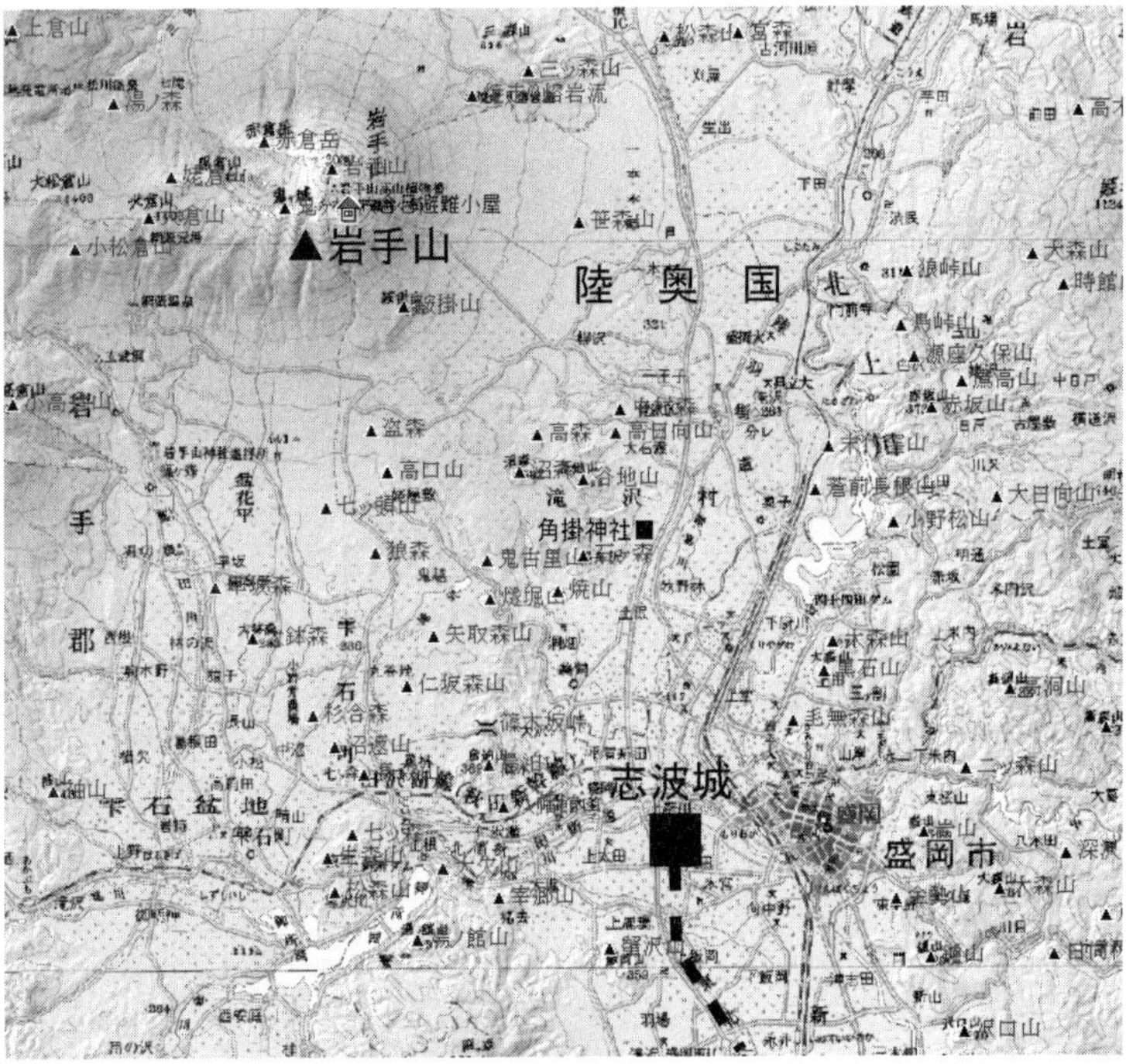

図 6　陸奥国の岩手山と志波城と古代の交通路
島方洸一他編『地図でみる東日本の古代』平凡社, 2012, 215 頁を参照した.

飛びかかってくる。それを受け、田村も飛び違えながら、大嶽丸の首を落とした。ところが首だけが、田村を目指して飛んでくる。田村の兜に食らいついたが、鈴鹿御前の警告で、その直前に兜を二重にかぶっていたので、なんとか助かった。

兜をぬぎ、見てみると、大嶽丸の首はもう息絶えていた。田村の軍勢は、残りの眷属どもに縄をかけ、都に帰還し、全員の首を獄門にさらした。大嶽丸の首だけは、末代まで伝えるべく、宇治の宝蔵に奉納したのだった。

さてここでは、まず岩手山に注目してみよう。図6は、岩手山と延暦二十二年（八〇三）に坂上田村麻呂が築城した志波城《しわじょう》（図7）を示している。古代の東山道も、この志波城が終点である。つまり古代国家は、ここまでネットワークを伸ばしていたのである。逆にいえば、その先までは権力の物語（記紀神話）が及ばない、未開拓地となるわけだ。もっと具体的にいえば、それは先住民、蝦夷たちの領土だったのだ。

まさに古代律令国家の最前線であり、最も防御しなければならない場所であるわけだ。その防御の場所の性質は、鈴鹿関のある、あの鈴鹿山も同じであった。

そして、この岩手山における、大嶽丸討伐の物語も、地元の伝承として数多く残っている(12)。その多くが、神社の縁起である。特に図6に示した角掛《つのかけ》神社では、祭神を坂上田村麻呂と

図7　復元された志波城と岩手山
撮影：佐々木.

しており、大嶽丸を岩手山で討伐したことを、感謝した村人たちによって創建されたとある。

ここでも、坂上田村麻呂の蝦夷討伐、岩手山、志波城、神社、という現実に存在する物と、『田村の草子』という文学や地元の伝承、ということばが、古代の交通ネットワーク上の、権力と抵抗がせめぎ合う、闘争的な生成空間の中で、おそらくは生まれては消え、生まれては消えながら、息づいているのだ。

この大嶽丸も、アテルイと重ね合わされて、語られる場合があるようだ。そしてこの陸奥国の果てには、根の国底の国が想定されている。そしてそこから都を目指して「荒び疎ましく来るもの」が、やってくる、という神話的世界観が、『延喜式』の祝詞、「道饗祭」のなかでも生きている。

もう一つ気になる場所がある。それは大嶽丸の首を奉納した、宇治の宝蔵である。宇治の宝蔵とは、宇治の平等院の宝蔵を意味する。なぜここに岩手山の鬼の首を、納める必要があったのだろう。

宇治の平等院は、貞観元年（八五九）に嵯峨天皇の皇子、源融《みなもとのとおる》が建てた別荘「宇治院」にはじまり、その後陽成天皇や宇多天皇、朱雀天皇の離宮となり、藤原道長の手に渡り、死後息子の藤原頼道が永承七年（一〇五二）に「平等院」として創建した寺院である。

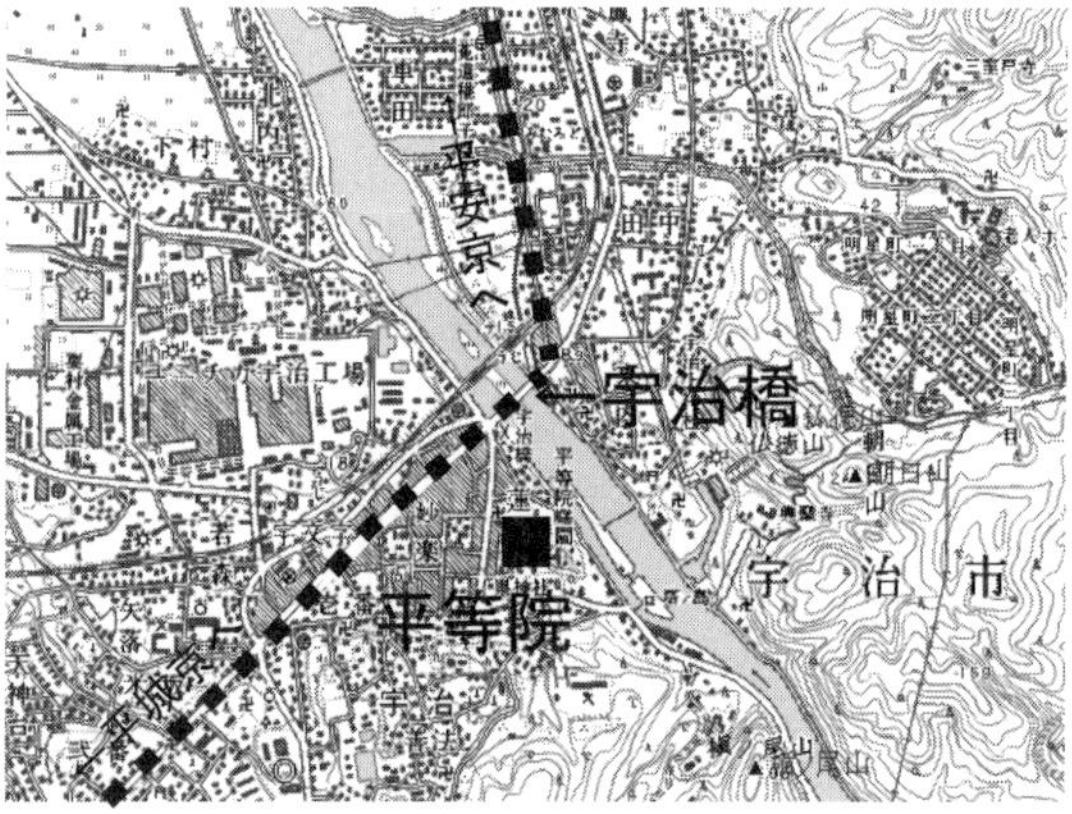

図 **8**　京都府宇治市の宇治橋と平等院と古代の交通路
島方洸一他編『地図でみる西日本の古代』平凡社, 2009, 23 頁を参照した.

注目すべきは、その場所性にある。この地は山城と大和・近江を結ぶ交通の要所で、特に平等院の目の前にある宇治川と宇治橋が重要であった(図8)。その宇治橋は、大化二年(六四六)に架けられたとされる。あの改新の詔、のあった年である。奈良に都があった頃は、この宇治を通過する道が近江を基点に、北陸や東国とを結ぶルートであった。平安時代になっても、何度か宇治橋造営の記事もみられるようだ(13)。

これまでも見てきたように、このような交通の要所となる場所は、実際に戦場になることが多い。最も有名なのが、『平家物語』でも知られる、治承四年（一一八〇）の橋合戦である。後白河天皇の皇子である以仁王《もちひとおう》が源頼政と反平氏の旗をあげる。近江の園城寺から奈良の興福寺に移動する際に、宇治橋を渡って平等院に入り、追っ手をかわすために、宇治橋の三間分の橋板を落としたとされる。しかし平氏の大軍に囲まれ頼政は平等院で自害する。その後も、永寿三年（一一八四）に源義経と源義仲が、承久三年（一二二一）、後鳥羽上皇と北条義時・泰時が、ここで戦っている。

その他にも、弘仁元年（八一〇）九月の藤原薬子の乱に際し、宇治橋・山崎橋・淀の津に兵が派遣されている(14)。この時、坂上田村麻呂も乱鎮圧に加わっている。承和《じょうわ》九年（八四二）七月の橘逸勢らの承和の変でも宇治橋、山崎橋、淀渡(15)、天安二年（八五七）の文徳天皇の死去においても、あの三関と宇治、淀、山崎の警護が、東南西の交通の要所である、との理由で固められている(16)。

もう一点、この宇治川と宇治橋が、鬼の頭を奉納する場所として重要と思われるのは、平安時代から中世にかけて畿内の七瀬祓が、この宇治橋周辺で行われていたからである(17)。先の鈴鹿峠でも述べたように、大祓の場所は鬼や妖怪と関係がある。第2章で紹介した宇治の橋姫もここに出る。このようにこの宇治橋でも、あの瀬田橋同様に、現実と虚構の橋渡しがあったのだ。

そしてこの物語は最後にいう。「草も木も、わが大君の国なれば、いづくか鬼の住処なるべき」と。

ここまで述べてきたように、古代の神話や祝詞は、妖怪に対処するときに、かならず天孫降臨以前のこの国の荒ぶる状態を語っていた。その多くが、草や木がものいう状態だったと。この最後の一文は、そのことを再度、荒ぶる神たちに確認しているかのようだ。そしてもう鬼の住む場所はないのだ、と。

注

(1)井上光貞監訳『日本書紀　下』中央公論社、一九八七、二九二頁。
(2)『新訂増補国史大系　令義解』吉川弘文館、一九八三、一九八頁。
(3)宇治谷孟訳『続日本紀（下）』講談社、一九九五、二三八～二六四頁。
(4)宇治谷孟訳『続日本紀（上）』講談社、一九九二、二三三頁。
(5)注（3）、四一七～四一八頁。
(6)森田悌訳『日本後紀　上』講談社、二〇〇六、三九七頁。
(7)渡邊昭五編『日本伝説大系　第九巻』みずうみ書房、一九八四、一四六～一五一頁。
(8)関町教育委員会編『鈴鹿関町史　上巻』関町役場、一九七七、七八～八四頁。
(9)駒敏郎・中川正文『近江の伝説』（日本の伝説19）角川書店、一九七七、七二～七三頁。
(10)大川吉崇『鈴鹿山系の伝承と歴史』伊勢文化舎、一九七九、三四～三五頁。
(11)岩田孝三『関址と藩界』校倉書房、一九六二、四二頁。
(12)野村純一編『日本伝説大系　第二巻』みずうみ書房、一九八五、八三～八八頁。
(13)秋山元秀『宇治橋』（宇治文庫5）宇治市教育委員会、一九九四。
(14)森田悌訳『日本後紀　中』講談社、二〇〇六、一七八頁。
(15)森田悌訳『続日本後紀　下』講談社、二〇一〇、四二頁。
(16)武田祐吉・佐藤謙三訳『読み下し日本三大実録（上巻）』戎光祥出版、二〇〇九、三～四頁。
(17)伊藤喜良「中世における天皇の呪術的権威とは何か」『歴史評論四三七』、校倉書房、一九八六、三四～五三頁。

10　酒呑童子を巡る旅

(1) 大江山・大枝山の酒呑童子

さて、あの有名な酒呑童子の物語も、この古代律令国家が生み出した、荒ぶる神を祓い、そしてくい止める、例の神話的世界観のネットワークを、継承しているのだろうか。

第8・9章で見た、『田村の草子』に出てくる鬼たちは、あの「風土記」のように、道や河を往来する人々を、もっぱら妨害していた。ところが酒呑童子は、どうも違うようだ。都に住む、貴族の子息や姫君をさらうのである。つまり人間の側が、荒ぶる神々の地を訪問するのではなく、彼らが人間の居住空間へとやってくるのだ。酒呑童子の絵巻や御伽草子は多い(1)。その一例を紹介しよう。

一条の院の御代に、洛中に一つの災難が起こった。都や宮廷の人々が、数多くいなくなってしまったのだ。一人や二人がいなくなっている間は、男女の関係のもつれで、姿をくらましているのでは、と怪しんでいたが、徐々に多くの人がいなくなると、それを嘆く人も多くなった。さらに公卿の姫君たちが、数多くいなくなり始めると、その行方を探そうとする人も多くなった。これはただ事ではない。天魔の仕業では……。

このように、都の人々が行方不明になる事件から、この物語ははじまる。これは、道ゆく人々を妨害する鬼の話ではなく、都に生活している人々が、さらわれる事件である。最初は数人だったのが、徐々に多くの人、そして位の高い娘たちがいなくなることから、この事件が明るみに出る。このように見ると、これまでの古代の荒ぶる神々とは、違ってみえる。ただし田村の新妻をさらった、あの陸奥国は達谷窟の、悪路王の悪行は似ている。

そしてこのような事件が都で起こると、決まって呼び出されるのが、あの陰陽師の安倍晴明である。そういえば『田村の草子』でも、伊豆へと流される俊仁将軍が、瀬田橋を渡った後に、やはり都で人々が行方不明になる事件があった。その時も陰陽師が登場し、俊仁将軍を都に呼び戻していた。

この物語では、一人娘を失った、池田大納言国賢卿が、安倍晴明に依頼して占ってもらうと、つぎのような手紙が、晴明から卿のもとへ届いた。

酒呑童子という悪鬼が、大江山の奥にある千丈岳に城をかまえて、眷属を集め、日本国を傾けようと、時期を窺っている。最近行方不明になっている人は、皆、この鬼のなす業である。姫君たちも、この千丈岳の洞窟に捕らえられている。なんとかして鬼神を滅ぼし、姫君を助け出しなさい。

この手紙の内容は、すぐさま御門に伝えられ、公卿大臣らが内裏に集められ詮議がはじまる。そこで朝廷は、摂津守源頼光と丹後守藤原保昌に、鬼退治の勅命を下したのであった。その命を受けた頼光は、その配下に渡辺綱、坂田公時《きんとき》、碓井貞光、卜部季武《うらべすえたけ》ら四天王を加える。そして鬼退治に際して、神のご加護を得ようと、頼光は石清水八幡宮（日吉大社の場合もある）へ、綱、公時は住吉社へ、保昌、季武、貞光は熊野神社に詣でる。

そして正暦三年（九九二）九月一六日に頼光亭に集まり、それぞれ武具を調え、山伏の姿で六人は出発する。大江山に近づくと、まれに行き逢う木こりや山人に、千丈岳がどこにあるのかを聞きつつ、峰や谷を越えて奥に入っていった。すると三人の翁に出合う。その三人の翁も妻子を酒呑童子に捕られ、その敵を討とうと、ここへ来ていたのだった。実はこの三人は、先に詣でた八幡神、住吉神、熊野神の化身であった。頼光たちは神々に、特別な星甲や、鬼を殺す毒酒をもらい、千丈岳の鬼ヶ城へと向かう。

しばらく行くと、川辺で血に染まった着物を洗濯している女に出合う。その女も、都から連れ去られた、花園中納言の姫君であった。訳を話し、その姫君に酒呑童子の城の詳細を、聞いたところ、つぎのように語った。

この川上を上っていって見て下さい。鉄の築地をつき、鉄の門をたて、入り口には鬼が番をしています。門の内に入ると、瑠璃の宮殿玉が垂れ、甍をならべています。四季の庭があり、鉄の屋形があります。夜になると、都からとらわれてきた、三十人ほどの姫たちを集め、手足をさすらせて酒を飲んでいます。酒呑童子のまわりには、四天王と呼ばれる力の強い鬼を従えています。酒呑童子の姿は、色薄赤くせい高く、髪は禿で、昼の間は人間ですが、夜になると背が三メートルにもなり、鬼の姿になります。この酒呑童子は異常に酒を好みます。酒呑童子に酒を飲ませ、酔って寝たところを討って下さい。

この鬼ヶ城の描写は、前章で紹介した、あの鈴鹿山は大嶽丸の鬼ヶ城と、ほぼ同じである。

さてここで、大江山がどのような場所だったのか、そのことを探ってみよう。ところで、この大江山の候補地は二つある。一つは、京都府福知山市と与謝野町の境にある。

図1は、その大江山の千丈岳と、その周辺の古代の地理情報を加えた地図である。大江山が古代の丹後国と丹波国の国境に位置し、その近くを、古代の山陰道の支路としての、丹後路が通過しているのがわかる。この丹後路は、丹後国府へと向かう。このように地図化してみると、物語では語られなかった、道の往来を妨害する、古代の荒ぶる神の性質が浮かび上がってくる。なぜならこの位置であれば、丹後路を往来する人を、妨害できるからである。言葉を地図化することの意味が、ここにある。

そして、これまで紹介してきた悪路王や大嶽丸と同様に、この地にも伝承がある(2)。またここにはこの話しとは別に、麻呂子親王の鬼退治伝説も残されている(3)。たとえば大江山の北に位置する与謝

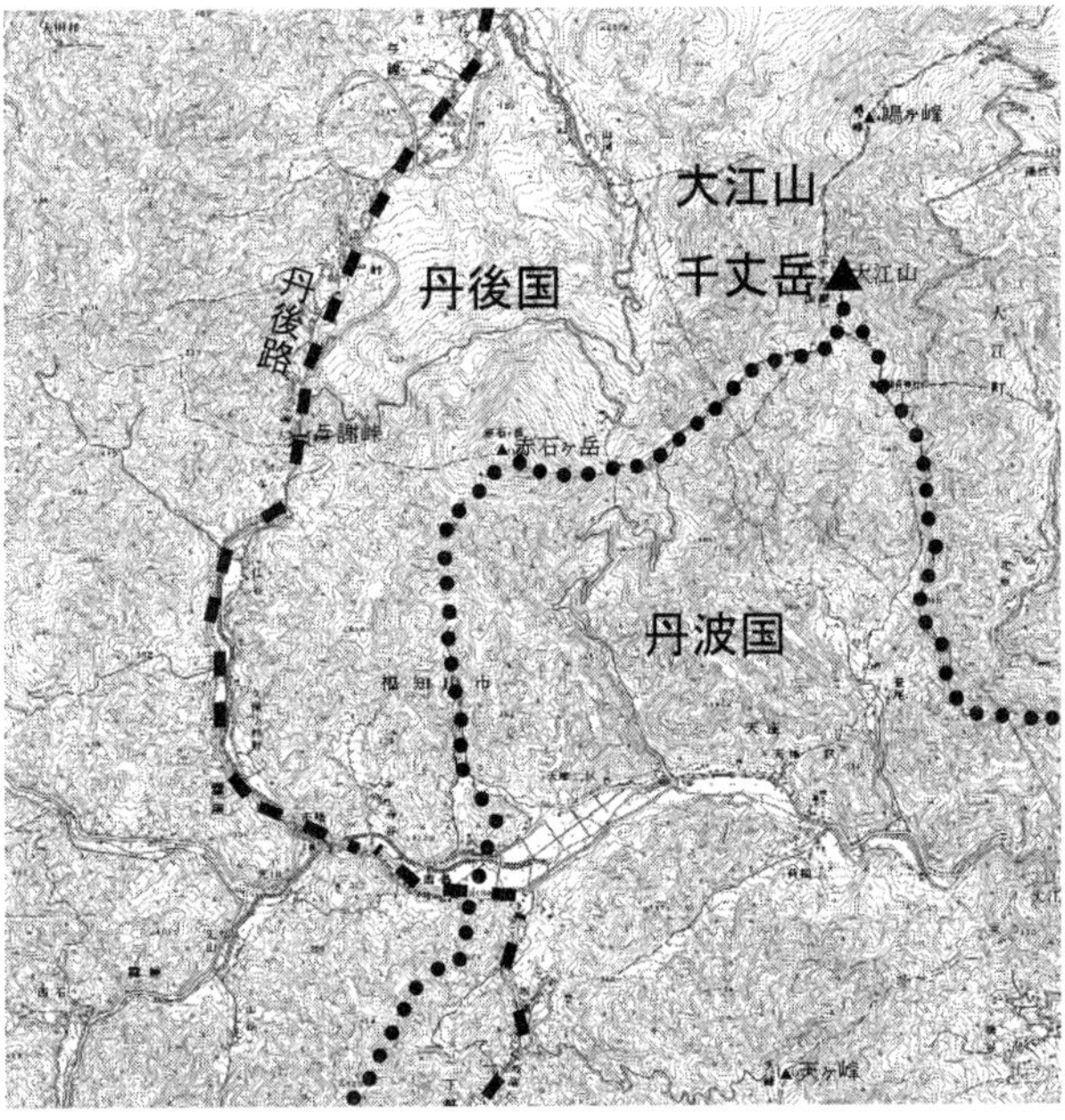

図1　丹波国と丹後国の境界にある大江山と古代の丹後路
島方洸一他編『地図でみる西日本の古代』平凡社，2009，202頁を参照した.

野町加悦に、つぎのような伝承がある。

大江山に土くもという山賊が住み、この地を荒らしていた。用明天皇第二皇子麻呂子親王は、この山賊を退治するために丹後に向かった。親王は、温江から大江山に登り、途中サガネで休憩した。その時、カブトをとり岩においた。それでこの岩を「カブト岩」という。サガネから横百合を経て休み、岩のある場所に着いた時、首に鏡を掛けた犬が現れて、山賊の住む巌窟に案内した。犬の現れた場所を「犬つく」という。

この伝承は、「風土記」にでてきた先住民、土蜘蛛が、大江山にいたとする。どうもこの物語も、古代の道の荒ぶる神、そして朝廷に抵抗する先住民の姿を、継承しているようだ。ここで第7章で紹介した、『続日本紀』聖武天皇・天平七年（七三五）の記事を思い出して欲しい。太宰府で疫病が流行した。そこで山陰道諸国、つまり長門国から石見・出雲・伯耆・因幡・但馬・丹後・丹波国などで、この道饗祭をして疫病を防ごうとした記事である。それは、まさにこの場所を示している。なぜなら丹後と丹波の国境だからだ。この場合、荒ぶる神とは、疫病を意味していたのだ。

歴史学者の高橋昌明は『酒呑童子の誕生』のなかで、この出来事が正暦年間とある点に注目し、『本朝世紀』や『日本紀略』に、この時期、平安京で疫病が流行し、多くの都人が死亡した点、そしてさかんに臨時の大祓が行われていた点などをあげ、この酒呑童子とは、疫病の隠喩であったのではないかとしている(4)。であるなら、本書のここまで展開してきた、道饗祭と鬼出没の場所が一致する、との議論どおり、この場所が鬼登場の舞台として選ばれたのは、当然のことだったのだ。

もう一つ候補地がある。それは現在の京都市と亀岡市の境にある、老ノ坂《おいのさか》である。かつてこの地を大枝《おおえ》と呼んだ。この大枝は、平安京のある山城国の四つの境界（東は逢坂堺、西は大枝堺、南は山崎堺、北は和邇《わに》堺）の一つであった。シリーズ第3弾『神話の風景』でも述べたが、ここでも道饗祭が行われていたと思われる。

またこの地には関所がおかれていた。盗賊が出たとの記録も多い(5)。そして、これまで述べてきたように、このような交通路上の重要な場所では、朝廷に緊急事態が生じると、あの三関や宇治橋のように、警護が強化される。この大枝道も、前章で見た承和九年（八四二）七月の、橘逸勢らの承和の変で、宇治橋同様に兵が派遣されている。

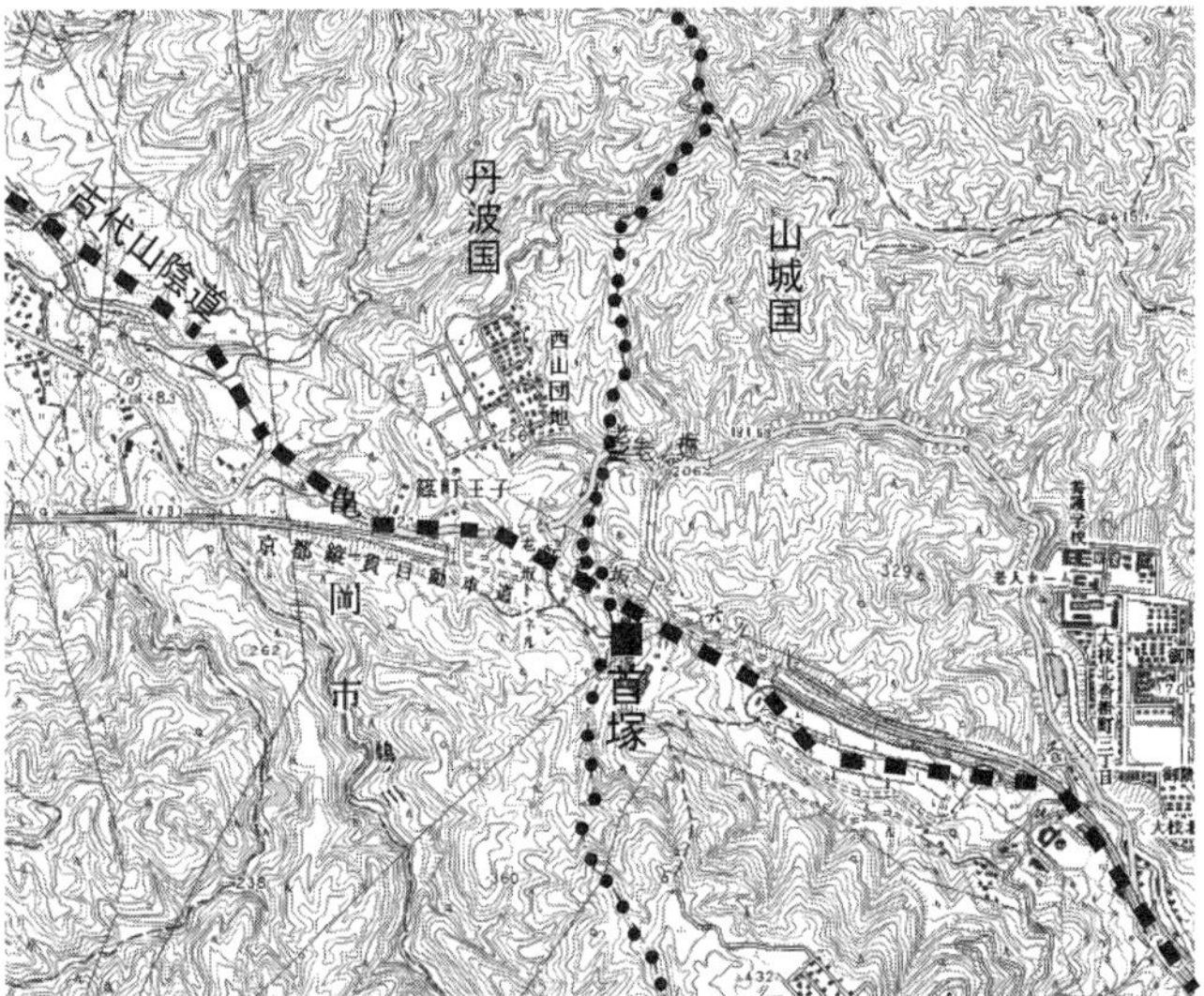

図2　山城国と丹波国の境界にある酒呑童子の首塚と古代の山陰道
島方洸一他編『地図でみる西日本の古代』平凡社, 2009, 202頁を参照した.

さらにこの大枝界には、酒呑童子の首塚がある（図2）。伝承によると、頼光一行が酒呑童子の首を持って、この地を通過しようとすると、道ばたの子安地蔵尊が、そのような穢れた物を都に持って入ってはならない、といったという。力持ちの坂田公時が、酒呑童子の首を持ち上げようとするが、動かなかった。そこで、やむなく埋めたという。

先の大江山が丹後路にあるのに対して、この大枝は山陰道本道沿いにある。道饗祭の祝詞にあるように、根の国底の国から「荒び疎ましく来る物」が道を伝って、都を目指してやってくるのであれば、この山陰道沿いの大枝堺の方が、鬼が出没する候補地として、よりふさわしいであろう。

（2）伊吹山の酒呑童子

実は、話はほぼ同じなのだが、酒呑童子の鬼ヶ城を伊吹山とする物語がある。いわゆる『伊吹山酒呑童子』である(6)。そこでは、安倍晴明から池田中納言国方卿に届いた文には、つぎのように記されていた。

都より北、伊吹の千町ヶ嶽というところに、岩屋あり。すなわち鬼の棲み家なり。この鬼の仕業なり。姫君はまだ生きている。

今度は、伊吹山という場所について見てみよう。図3は、伊吹山周辺の古代の地理情報を、地図化したものである。伊吹山の南麓を、古代の東山道が通過しているのがわかる。そして、あの古代の三関《さんげん》のひとつである不破関《ふわのせき》もある。また近江国と美濃国の国境に、伊吹山が位置していることもわかる。そしてこの地では、壬申の乱や関ヶ原など日本の歴史上重要な戦も起こっている。このようにこの伊吹山も、これまでの鬼の出没地と、ほぼ同じ地理的条件を整えているである。そしてそれは、古代に形成された情報ネットワークの一端を指し示している。

この古代に形成されたネットワークについては、第7章でつぎにように述べた。それは律令国家が、鬼の住む国を、根の国底の国と想像し、その想像世界を、東は陸奥、西は五島列島、南は土佐、北は佐渡、と現実世界の海の底に投影させた、と指摘したところで……。少し長くなるが、重要だと思うので、もう一度振り返っておこう。

根の国底の国とは、神話的世界観でいえば、天界、地上界、地下世界の垂直三世界の最下層に位置づけられる。世界の神話に通底する、この抽象的な茫漠とした空想世界に、突如として現実に存在する地名が付与された時、まさに虚構と現実が、互いに手と手を取り合う瞬間なのだ。

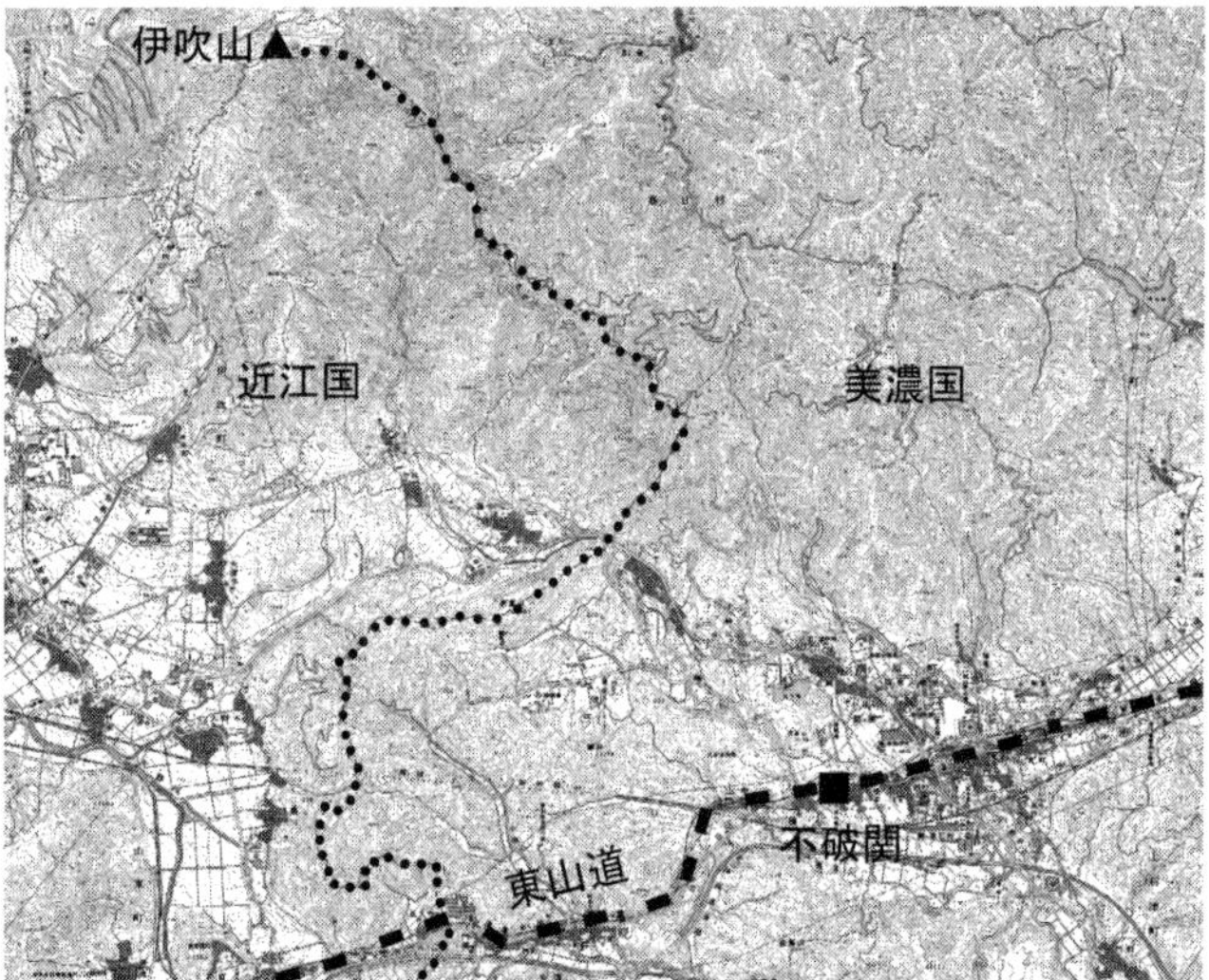

図3　近江国と美濃国の境界にある伊吹山と不破関と古代東山道
島方洸一他編『地図でみる東日本の古代』平凡社, 2012, 69頁を参照した.

東は陸奥、西は五島列島、南は土佐、北は佐渡の向こうの海の底に、あのスサノヲの管理する根の国底の国がある。それは一体、どのような現実を根拠に設定されたのであろう。何かあるはずである。しかも、そこから荒ぶる神（荒び疎ましく来る物、穢悪き疫鬼）たちが、人の作った道を伝って、都を目指してやってくる。人の作った道であるなら、古代の交通ネットワークが手がかりとなろう。ではその交通ネットワークは、いつどのようにして生成したのであろう。

その最も古い記録は、『日本書紀』大化二年（六四六）の大化改新の詔その二で、そこにはつぎのように記されている。「京師（都城）を創設し、畿内・国司・郡司・関塞（防衛施設）・斥候・防人（西海防備の兵）・駅馬・伝馬を置き、鈴契（駅馬・伝馬を利用する際用いる）を造り、山河（地方行政区画）を定める」。つまり都とその周辺を取り囲む畿内、各国の司、各郡の司、防衛施設などをネットワーク化し、その交通ネットワーク上に駅や馬を置き、地方行政区画を整備せよ、との命令である。

よく考えてみれば、この行政区画、つまり国境の決定を、山河を定める、と表現するのは、まさに古代の荒ぶる神「山河荒神」を意味していたのではないか。つまり荒ぶる神たちは、山河を定めようとする権力に抵抗していたのである。であるならこの酒呑童子の出没地、大江山、大枝そして伊吹山も、すべて国境であることに気づくのだ。しかも古代の交通路が通過している。つまりこの中世の鬼、酒呑童子は、古代の荒ぶる神を、見事に継承していることになるのだ。

その後この交通ネットワークは、大宝律令（七〇一年）でも整備され、『延喜式』など様々な史料に、その詳細が明らかにされている。このように、日本の交通ネットワークを最初に整備した主体は、古代律令国家であった。つまりネットワークの生成には、権力が大きく関わっていたのである。

権力の主体が、なぜネットワークを整備したのか。それは、まず中央の知識（律令と『古事記』『日本書紀』などの物語）を、全国に伝達するためである。また地方の情報（「風土記」や抵抗勢力の情報）を、中央に集める目的もあった。そうすることが、全国支配を目論む主体にとって、重要な要件であった。つまり権力主体にとって、中央の知識を地方へ拡散させ、同時に地方の情報を中心地に集中させることが必要だったのだ。その思惑を実現させるのに、交通ネットワークの整備が欠かせなかった。

そして、その地方にばらまかれた律令（法と秩序）と物語（権力者の由来、宗教的世界観）は、実際にそれらが具体性を持って運用されるようになるには、地方の人々の社会的実践（行為）と物質（国府・郡家・駅・宗教施設・関・国境など）の空間的配置がなされなければならない。これらが織りなされると、一つの知と権力の世界が、ある一定の広がりを持った具体的な空間に創造されることになる。それが『延喜式』の祝詞や祭文の世界観、といってもいいだろう。

そうなると、それら法や秩序、物語、実践や物質によって取り込まれ、取り囲まれた個人たちが、それらに規制され標準化されはじめる。と同時に、その基準から逸脱した個人や集団は、排除されることになる。先住民や荒ぶる神たちは、穴倉に住んでいるとか、犬や梟や鼠の行動に例えられ、律令国家の標準的な百姓とは、身体的にも違うことが強調され、律令国家の権力空間から、巧妙に排除されたのだった。あるいは、国家に危険が迫った時、たとえば疫病が流行した時、人々の不安の原因の説明機能として、荒ぶる神や疫鬼が空想世界から呼び戻され、祭礼という物語と行為実践、あるいは宗教建造物をも織りまぜながら、権力を補強するために利用されたのだった。

こうして時間をかけて権力は、これら物質と人間行為の、特殊なアッサンブラージュ（集合体、あるいは組み合わせ）を通じて循環しはじめる。そして、この権力が生み出したあらゆる要素が、このアッサンブラージュのなかで局所効果（local effect）を生み始める。この局所効果とは、地理学者のマードックが、ミシェル・フーコーの権力研究を場所の側面からまとめ、ブルーノ・ラトゥールのアクター・ネットワーク理論へ応用しようと試み、生み出した概念である。各地で荒ぶる神や鬼、妖怪が出没するとされる場所は、このようなネットワーク上での、様々な要素のアッサンブラージュのなかで、局所効果として浮上するのである。

このような循環と繰り返しを経て、徐々に場所が調えられ、空間が組織化されていく。つまり古代から現在、未来にまでこの循環は続き、その空間の組織化は更新されていくのである。

つまり、このような様々なアクターからなるネットワークが、伊吹山（図4）を酒呑童子の住み処として、人々の想念に浮上させたのである。鬼の出没する、パターン化された地図のみを、つぎつぎと示すだけでは、本書の意図が伝わりにくいのでは、と思い再び長い一文を、紹介した。

特に、この伊吹山の場合は、本書で、これまでとりあげてきた荒ぶる神々と、かなり多くの要素を重層的に継承している。スサノヲとのつながりでいえば、同じく室町時代に成立した『伊吹童子』によると、スサノヲに退治された八岐大蛇は、その後神になって伊吹大明神となった(7)とされる点。そして酒呑童子の父である伊吹弥三郎が、この伊吹大明神を祭祀する人であり、やはり大酒飲みであった点。ヤマトタケルとのつながりでいえば、ヤマトタケルは、その伊吹山の荒ぶる神との対決が原因で、亡くなっているという点。先住民とのつながりでいえば、伊吹山を『帝王編年記』は、夷服山と記述しており、ヤマトタケルが、伊吹山の荒ぶる神を、討伐しに来た話と合わせると、先住民を

図4　不破関方面から望んだ伊吹山
撮影：佐々木.

征服した山という意味になる点。

また大祓の祝詞との関わりもある。『伊吹町史』によると、この伊吹山の神は「イブキドヌシ」である(8)。この神は、あの大祓の祝詞に出てくる。もう一度思い出してみよう。「山から勢いよく落下してくる、流れの早い川の瀬におられるセオリツヒメが、罪を川から大海原に流してしまうであろう。それを流れが会する渦におられるハヤアキツヒメが、流された罪を呑み込んでしまうだろう。つぎにそれを息を吹き出す戸口の所におられるイブキドヌシが根の国底の国に吹き飛ばすであろう。そしてそれを根の国底の国においでになるハヤサスラヒメが消え去ってしまうだろう」。この荒ぶる神、ここでは酒呑童子を、根の国底の国に吹き飛ばす役割を演じるのが、この神なのである。

ネットワークが形成されると、権力が直接行使されなくとも、地域の人々は標準化された証拠に、自らそれに即した行為実践をはじめる。それが地元で語られる伝承であろう。この地には「伊吹弥三郎」という伝承が、地名の由来とともに数多く残されている。

柏原の民家の子どもでな、親の腹の中にな、十五、六カ月もいたらしいな。ほの、弥三郎は。ほで、生まれた子は、まあ、なんじゃわな、力人でな、やんちゃばっかりしてたのでな、十、十のときに、そこらのもの持ってきたり、悪いことするので、家をほうり出してしまった。そのときに、伊吹山上がってもうて、ほれで、ほの、まあ、大江山のなんと一緒でな、酒呑童子と一緒で、悪者になっては、女を連れてはったりな、それはったのでしょう。力もあったらしいな。ところどころね、伊吹山の上から放ったという石もあるわな、嘘やろけどな、二百貫位の石や、三百貫の石が、高山にもおすな、西村郷のちょっと上にもおすわ。ほれで、なんじゃ、伊吹山の放ったったいう話やけど(9)。

（3）新潟県国上山の酒呑童子

物語に戻ろう。さて、川辺で血に染まった着物を洗濯していた、花園中納言の姫君に教えられた通り、頼光たちは酒呑童子の鬼ヶ城へと向かう。そして彼らが到着すると、門番の鬼たちが色めき立つ。久しく男の肉を食べていなかったからだ。しかしまずは酒呑童子に、お伺いを立てなければならない。すると酒呑童子も、これはめずらしい、と招き入れるのであった。

そしてまずは酒盛りがはじまる。酒呑童子が勧める酒は、人間の血であった。酒の肴は人肉であった。頼光や綱は、平然とその酒を飲み乾し、肉を食べるのであった。なぜか、と問われれば、修験道の修行とは、このようなものだ、と答える。すると酒呑童子は、気を許した。今度は、頼光たちがあの毒酒を酒呑童子に勧める番だ。酒呑童子だけでなく、まわりの鬼たちも酒を飲み始める。さらに都でさらわれた姫たちも酒の酌に呼び出される。そこには国賢卿の娘もいた。

酒呑童子は、あまりのうれしさと、酔いにまかせて、頼光たちに己の過去を語りはじめる。

それがしの過去を語って聞かせよう。本国は越後で、山寺で育った。しかしそこの法師たちに妬まれていじめられ、多くの法師を刺し殺し、比叡山に逃げたのだ。ここここそ我が住む山ぞ、と思っていたところ、伝教大師最澄に追い出され、この山に来たのだ。そして今はここで、思いのまま豪華に暮らしている、と。

ここでも虚構に現実が混濁しはじめる。私は、いつもここに注目する。越後の山寺とはどこなのか、に。

そして妖怪探しの巡礼の旅が、再びはじまるのだ。

越後の山寺とは、国上山《くがみやま》の国上寺のことである（図5）この地にも酒呑童子に関する伝承が、たくさん残っている。

継母のいじわるに耐えかねて京よりのがれ、和納の地に錫をとどめた桃井親王の従者の一人、善次兵衛後兼が、戸隠山に祈ってもうけた男子は、母の胎内に十六カ月もいて生まれた明敏な美童であった。そのころ付近の川に、トチという魚がすんでおり、妊娠した女がこれを食うと、生まれた子は男なら大盗賊、女なら淫婦となり、満足な一生をすごすことができなかったといわれた。この美童は外道丸と名づけられ、十一歳で親王が開山した楞厳寺で修行した

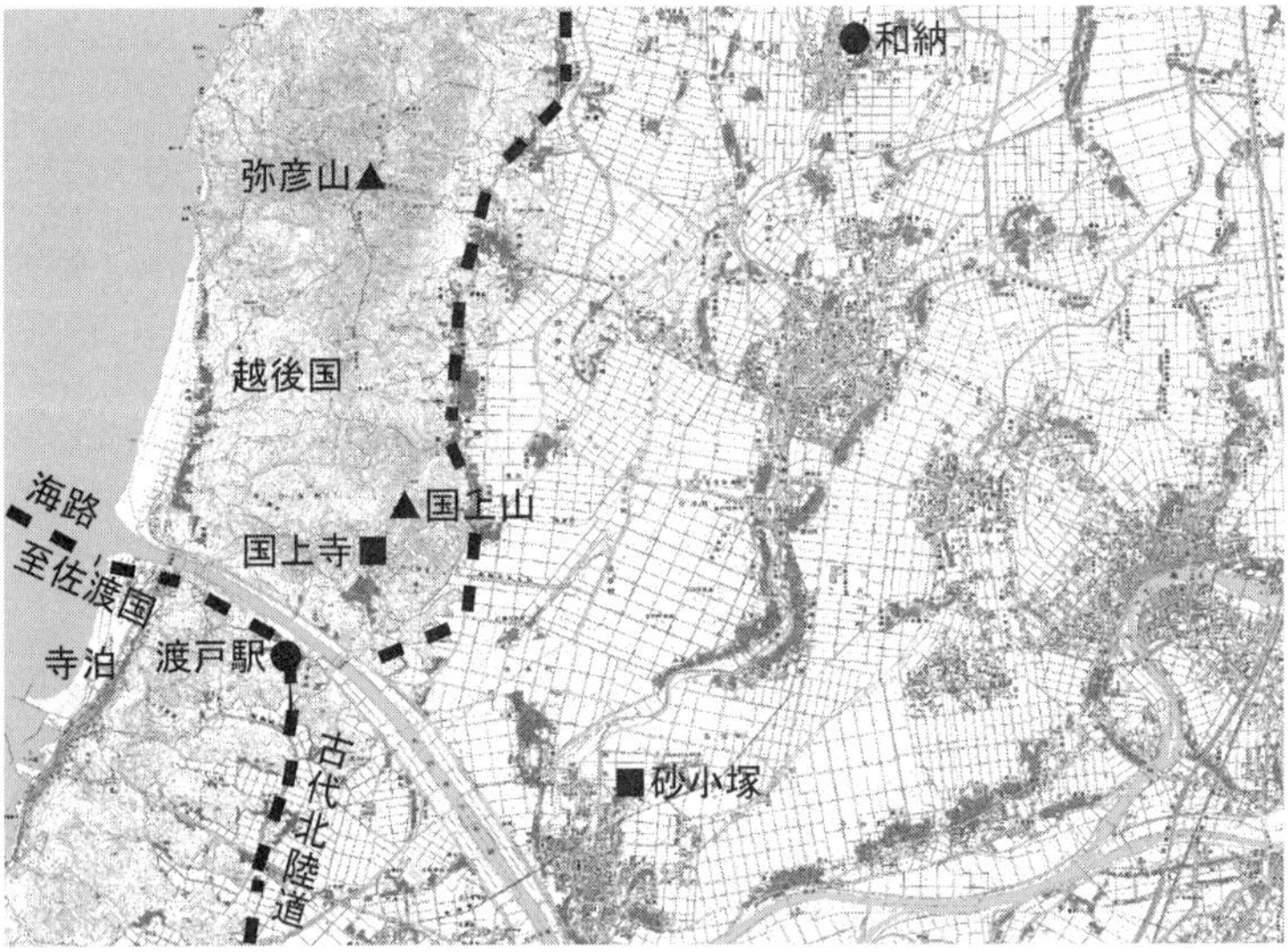

図5　新潟県の国上山・国上寺と古代北陸道，和納，砂子塚
島方洸一他編『地図でみる東日本の古代』平凡社，2012，277頁を参照した.

が、乱暴者で親王の手におえず、寺を放逐され、国上寺へ侍童として入山した。子どもながら大酒を飲み、飲めば全身が赤くなるので、みずから酒呑童子と称した。そのうえ乱暴で、近所の娘をかどわかしたりするので、この寺も放逐され、旧古志郡軽井沢へ行った。ここで土地の乱暴者茨木童子と意気投合、二人で頸城郡風ヶ谷、信州戸隠と流れ、ついに丹後与謝郡大江山にたてこもった。そこに多数の兇悪な徒を集め、しばしば京洛を襲って治安を乱した。そこで、時の一条帝は、渡辺綱、坂田金時らの四天王と、国司平井保昌に勅命を下して滅亡させたという。いまも和納に「童子屋敷」が残っている(10)。

図5は、新潟県の国上山周辺の、古代の地理情報を示した図である。古代の北陸道は国上山の手前の、渡戸駅で、佐渡国へと海路で渡った。つまりここは、交通路上の越後国と佐渡国の国境にあたる。佐渡国の人や物は、ここから上陸することになる。佐渡の奥に、根の国底の国が想定されている。そこから荒ぶる神々がやってくるのであれば、まずはここに上陸することになろう。そしてここに、酒呑童子が生まれたとする伝承や物語が成立するのは、このネットワークのなせる技なのだ。

酒呑童子が生まれたとされる場所は、二カ所ある。和納とする伝承と、砂小塚とする伝承である（図5）。図6は、和納の「童子屋敷」

図6　新潟市西浦区和納の「童子屋敷」から見た国上山・弥彦山　撮影：佐々木.

という小字のある場所から見た弥彦山、そして国上山である。この国上山の国上寺には、伝土佐光信筆の『酒呑童子絵巻』が寺宝として伝わっている(11)。

さらに興味深い伝承が、弥彦山にもある。「弥三郎婆」という話である。

弥彦山の麓に、弥三郎という綱使いがいた。毎日田圃で鳥を捕らえて、歳取った婆さと二人暮していた。ある日のこと、いつものように綱を使っていると、おういんが四匹出て来たので、弥三郎は逃げて松の木の上によじ上った。狼たちは、いくら木の上に逃げたって逃すものかといって、おういん繋ぎをはじめた。狼は次々肩の上へ上って、今にも弥三郎へ届きそうになったが、一番下のおういんが腰が利かないせいか、どたんと重り合って倒れてしまった。なんべんもやってみたが、おういん繋ぎがうまくいかないので、「今日は駄目だ、弥三郎婆さんに頼もう」といって、一匹のおういんが飛んで行った。弥三郎が、弥三郎婆さといったら、うちの婆さだが、はて不思議だなと思っていると、にわかに西の方から、ごんごん大荒れがやって来た。そして黒い雲が弥三郎を包んだ。これは大事だと思っていると、雲の中から太い手がぬっと出て、弥三郎の首筋をつかまえた。弥三郎はやけになって、その手を押えて、腰に差してあった鉈で力まかせにぶった切った。血がだらだらと下へ流れる。それを見ておういん共は、かなわん、かなわんといって逃げて行った。そして大荒れも止んだので、弥三郎は切り落とした針金のような毛の生えている腕を持って家へ帰った。「婆さ、今帰ったで。今日は鬼の腕を取って来た」というと、奥の室に寝て、うんうん唸っていた婆さが、「どれどれ、早う持って来て見せてくれ」というから、弥三郎が婆さの寝ている室へ持って行くと、婆さはたちまち鬼婆の姿をあらわして、いきなりその腕を取って、「これは俺の腕に違いない」といいながら、血がだらだら流れている自分の腕の切口にくっつけて逃げて行った。弥三郎はあっけにとられて見ていたが、やがて、婆さまの床の下をめくってみたら、鳥獣や人間の骨が積み重ねてあった。鬼婆が弥三郎の婆さを食って、婆さに化けていたのだということである(12)。

この話、どこかで聞いた話と似ている。第2章で紹介した、『平家物語』の「剣の巻」にある、あの一条戻橋での渡辺綱と鬼女との戦いである。あのときも、渡辺綱は髻を鬼女につかまれる。そして腕を切り落とす。見るとその腕は、女の手ではなく、太く針金のような毛が生えていた。そして後日、乳母に化けた鬼が腕を取り戻し、逃げて行くのであった。この鬼女の正体が、実は酒呑童子の四天王の一人である、茨木童子だったとする話もある。新潟県長岡市軽井沢には、茨木童子の生まれた家が、今でも残っている(図7)。

この鬼婆の登場の仕方は、まさにスサノヲと同じで、天候が大荒れになると伝えている。実は伊吹山でも大風を「弥三郎風」と呼ぶらしい。佐竹昭広は『酒呑童子異聞』のなかで、この風の名前は『伊吹童子』の酒呑童子の父の名、伊吹弥三郎から来ていると推測している(13)。この物語は、ネットワーク上の自然現象というアクターをも、包み込んでいる。

図7　新潟県長岡市軽井沢に伝承される茨木童子の生誕地　撮影：佐々木.

さて、この国上寺を追い出された後、酒呑童子は比叡山に逃げたとあるが、大江山に住む前の、酒呑童子を描く『伊吹童子』には、まず最初に七歳にして大酒を飲み、乱暴をはたらくので、日吉の山の北の谷に捨てられたとある。その後、現在の日吉大社の鎮座する比叡山の東山麓に移り住んだが、日吉の神に追い出され、現在の延暦寺のあたりに移り住む。ところが、桓武天皇が平安京に遷都した時、伝教大師最澄が「王城の鬼門にあたって、鎮護国家の道場を建立し、天皇を祈り奉る」と延暦寺を創建したため、再び追い出され、丹波国の大江山に逃げたとある。

この物語群で、最古の資料とされる『大江山絵詞』には、酒呑童子退治の勅命を受けた源頼光が、日吉社へ詣でる話がある。絵巻では、その場面で樹の上の猿が描かれている（図8）。第2章で述べた、今も御所の鬼門を守る猿たちは、この時代から、こうやって平安京を狙う鬼から、天皇そして都を守護していたのであった。

図8 『大江山絵詞』に描かれた日吉社の頼光と樹の上の猿
小松茂美編『土蜘蛛草紙・天狗草紙・大江山絵詞』（続日本の絵巻26）中央公論社, 1993, 80頁より.

さて物語は、どうなったのか。頼光ら一行は山伏の姿をしていたので、旅の山伏と見誤った酒呑童子は、彼らを鬼の宮殿に招き入れ、酒宴を催す。いずれ山伏たちを食おうとする鬼たちも加わり、田楽や仮装行列を披露する。神々の援助を得て、さらわれていた都の人たちを助け出した頼光たちは、刀を抜き酔い崩れた鬼たちを切り殺す。酒呑童子も首を落とされるが、その首は飛び頼光に食いつこうとする。が、渡辺綱と坂田金時がその目をくりぬき、ついに息絶える。頼光と四天王たちは、酒呑童子の首を土産に、意気揚々と都に凱旋するのであった。そして酒呑童子の首は、大嶽丸と同様に、宇治の宝蔵に納められたのであった。

注

（1）本書では、横山重・松本隆信編『室町時代物語大成　第三』角川書店、一九七五、一二一～一三〇頁にある三つの物語、市古貞次校注『御伽草子　下』岩波書店、一九八六、一八九～二一六頁の「酒呑童子」などを参照した。
（2）福田晃編『日本伝説大系　第8巻』みずうみ書房、一九八八、一五〇～一五七頁。
（3）同、一二七～一三八頁。
（4）高橋昌明『酒呑童子の誕生』中央公論社、一九九二、二一～六三頁。
（5）小松茂美編『土蜘蛛草紙・天狗草紙・大江山絵詞』（続日本の絵巻26）中央公論社、一九九三、一二一～一二八頁。
（6）本書では、横山重・松本隆信編『室町時代物語大成　補遺一』角川書店、一九八七、二四五～二六八頁を参照した。
（7）市古貞治他校注『室町物語集　上』（新日本古典文学大系54）岩波書店、一九八七、一八五～二一三頁。
（8）伊吹町史編さん委員会編『伊吹町史　文化民俗編』伊吹町、一九九四、三～七頁。
（9）注（2）、一一五～一一八頁。
（10）野村純一編『日本伝説大系　第3巻』みずうみ書房、一九八二、九五頁。
（11）山田現阿『絵巻酒呑童子』考古堂書店、一九九四。
（12）注（10）、一一一～一一八頁。
（13）佐竹昭広『酒呑童子異聞』岩波書店、一九九二、一一～一八頁。

11 玉藻前と宮中、そして那須野

（1）宮中に現れた玉藻前

そしてついに宮中に妖怪が登場する。つまりこの巡礼の旅も、やっと宮中へと戻ってきたわけだ。その妖怪の名は玉藻前《たまものまえ》。まずは室町時代に成立した『玉藻前物語』を見てみよう（1）。

近衛天皇の時代、久寿元年（一一五四）の春、鳥羽院の御所に二十歳ぐらいの女性がやってきた。その容姿は美しいばかりでなく、才覚も優れており、様々な知識に通じていた。人々は唐の玄宗の時代ならば楊貴妃に、漢の武帝の時代なら李夫人にも匹敵する、と噂した。このようなことで院の目にとまり、近くで仕え寵愛を受けることになる。そのうち化生前と呼ばれるようになり、内々には后のようになった。

ある年の九月二〇日頃、秋の名残を惜しんで、院の御所で詩歌管弦の会が催される。とその時、急に嵐が激しく吹き荒れて、灯籠の火が消え、御所は暗闇につつまれた。ところが玉座の近くにいた化生前の身体が煌煌と輝きはじめ、院中に光を放ったのだ。その場にいた人々は、これは怪しいと思った。ところが院は、不思議なことだ、この化生前の身体から光が放たれている、これより名を玉藻前とする、というだけで、その後の寵愛ぶりも、少しも変わらなかった。

しばらくして院は病になる。名医が呼ばれるが、これは邪気の仕業だと告げる。こうなるとやはり陰陽師がかり出される。召されたのは安部泰成だった。泰成は詳しくは語らず、早くご祈祷をというのみであった。そこで各所の貴僧たちが呼ばれ、念仏読経を一心に唱えた。が一向に院の病は改善しない。何日も祈祷が続くが、院は衰弱するのみである。玉藻前は院のおそばで、けなげにかしずく。

すると安倍泰成は、実は院への配慮もあって、これまで占いの詳しい結果を語れなかった、といいはじめる。公卿たちは何の憚りもないので、詳しく申せ、と。泰成はいう。病の原因は、玉藻前だと。一同は驚き、あきれもした。公卿たちは気を取り直して、もう少し詳しく話せ、と要求する。

泰成はいった。下野国の那須野に住む八百歳を経た狐が、玉藻前の正体なのだと。この狐は、長さ七尋、尾が二つある、とこの狐の過去を、つぎのように語りはじめた。

昔、天羅国というところに、一人の王がいて、その王の子に班足という太子がいた。その太子は外道羅陀教訓によって、千人の王の首を切り、塚の神に祭って、欲しいままに、その位を得ようとした。そこで数万人の力士鬼王を集めて、東西南北、近国遠国の城に押し寄せて、王たちを絡め取った。九百九十九人の王を生け捕りにして、あと一人だ、という時に外道は言った。これから北方一万里を行くと王がいる。名を普明王という。その王を取って千人としなさい、と。すぐに力士を遣わして、その王を取って千人とした。そして全員の首を一度に切って、塚の神に祭ろうとしたとき、普明王が合掌して、班足太子に向かっていった。願わくば、一日だけください。三宝を頂礼し、沙門を供養したいと。そして普明王は、百人の法師を呼び、般若波羅密を読誦させた。班足太子も、諸法皆空の道理を聴聞して、たちまち悪心を翻し、千人の王に向かって言った。私は外道にすすめられて悪心を起こし、無道を行った。今は早々にそれぞれ本国に帰って、般若を修行し、仏道を成り立たせて下さい。この班足太子の祭ろうとした塚の神が、この狐なのだ。この狐は班足を誑かし、千人の王の首を斬らせて祭らせようとしたが、仏法の威力が、班足太子に道心を起こさせ、千人の王の斬首を思いとどまらせた。しかしその間に、この外道は狐の身となり、仏法繁盛の国に化現して、后女や采女に化けて、侍女や陪臣の類となり、王に近づいて、仏法を滅ぼそうと誓った。そうして漢土では周幽王の后となって王を殺し、その後わが国に化現した。日本は小国だが仏法の流布した国なので、王の命を奪い、日本の主となろうと誓った。それが那須野の狐で、玉藻前なのだ。

これを聞いた公卿たちは、密かにこの話を院に伝えたが、にわかには信じなかった。すると泰成が提案する。それでは泰山府君の祭をいたしましょう。そこで玉藻前を御幣取りにしてください。そうすれば、そのときに正体を現すでしょう、と。

そこで数々の珍物珍宝を調えて、白米十二石を庭に散らし、祭をはじめた。そのとき、玉藻前に御幣取りを要請した。すると彼女は、にわかに顔色を変えていやがった。私の身はいやしいですが、院のおそばにかしずいているものです。御幣取りなどは、あやしい賤女の役だと聞いています。こんなに人が多くいるのに、なぜ私に恥をかかそうとするのですか。誠に遺憾に思います、と。

時の大臣が、それに応じた。そのようなことはありません。陰陽師が五行の運行をもって、時の吉凶を占い、祈祷の吉事を定めたのです。そうしたところ院の中の男女、その数は多しといえども、あなた一人だけが選ばれたのです。院のお身体を治すために、しているいることなので、どのようないやしいことでも、何も問題はないでしょう。

道理である、と御幣を受け取った玉藻前は、祭文も半ばになった時、御幣をうちふるうと見えたとたん、にわかにかき消すように、いなくなったのだった（図1）。

さてこの泰山府君の祭りとは、一体何なのだろう。この祭は、延命や富貴栄達、厄除けのために催される、陰陽道の祭のなかで、最もよく行われた祭祀である。臨時には、病事や怪異などが生じると行われた。まさにこの院の病と、玉藻前の怪異に対応するのに、ふさわしい祭なのである。この泰山府君祭は、一〇世紀後半に賀茂保憲や安倍晴明らの手によって、道教的色彩の強いものから、密教的要素を取り入れて完成された。この祭では、泰山府君だけでなく、その他にも全部で十二神を祭ったとされる。日本では、その十二神のうちの一部は、大祓でも祭られた(2)。であるなら、宮中の妖怪の対処方法である、大祓とも通じていたわけだ。

図1　泰山府君の御幣をうち振るい，黒雲とともに消え失せる玉藻前
奥平英雄編『御伽草子絵巻』角川書店，1982，39頁より．

本書の第2章で取りあげた、御所の鬼門を守る猿たちの宗教施設の一つである、赤山禅院（第2章の図6）を思い出していただきたい。この赤山禅院で祭っているのが、泰山府君である（図2）。つまり今でもこの神は、京都の御所を守護しているのである。

ちなみにこの鬼門を守る泰山府君と猿との結びつきが、人の延命、厄除け信仰と結びつき、あの「見ざる・

言わざる・聞かざる」の三猿を祭る庚申信仰や、神道的にはあの天孫降臨の際に、天の八街で遭遇した猿田彦命と天鈿女《あめのうずめ》命の男女神を祭る、境界神や道祖神ともつながっていく。第7章でも紹介した、あの妖怪を停止させる祭、道饗祭も八衢比古と八衢比売の男女神を祭っている。八衢の男女神といえば、猿田彦命と天鈿女命に他ならない。同じく第2章で紹介した、御所を守る幸神社《さいのかみのやしろ》は、この猿田彦命を主祭神としている。

これも本シリーズ第3弾『神話の風景』で紹介したが、安倍晴明の泰山府君祭といえば、あの『不動利益縁起絵巻』に描かれた場面が有名だ。あの祭が行われた場所は、道饗祭が行われた、山城四堺の東の逢坂堺の近くであった(3)。つまりこの泰山府君の祭は、根の国底の国から来た妖怪を停止させ、再びそこへと送り返す祭礼行為なのであった。そしてその通りに、玉藻前は宮中から下野国の那須野へと、祓われたのであった。

さて物語に戻ろう。泰山府君の祭の最中に、玉藻前が忽然と消えた、その日のうちに、東国の上総介、三浦介の二人に院宣が下った。その内容は、つぎのとおりであった。

図 2　泰山府君を祭る赤山禅院拝殿と屋根の上の猿
撮影：佐々木.

去る秋のこと、院がご病気にて、陰陽頭安部泰成が占ったところ、下野国の那須野に長さ七尋、尾二尾の狐がいる。その狐を殺せば、ご病気はよくなる。その場所へおもむき、ただちにこの狐を成敗せよ。

院宣が届くと、上総介と三浦介は、行水をして、浄衣を着、庭に跪いて、三度拝して奉り、受け取った。やがて一門の者たちを集め、この名誉を喜び合い、一人残らず、弓矢の腕を見せようと、時刻を決めて出立したのであった。

（2）なぜ那須野なのか

ここでも、虚構に現実空間がまとわりつく。なぜ玉藻前は、御所から遠く離れた那須野にいる、とされたのか。これまでと同じように、古代の地理情報を那須野に見てみよう。なぜなら古代の荒ぶる神々の痕跡が、この中世の物語にも認められるのかを、確かめたいからだ。

図3を見て欲しい。現在の栃木県那須町と福島県白河市周辺の地図に、古代の地理情報を加えたものである。これまでの鬼神や妖怪の出没地同様に、古代の荒ぶる神の性質を踏襲していることが、一目で読めるだろう。まずは古代の交通路が通過している点。物語では語られなくとも、地図化することによって、この玉藻前も、人々の往来を妨害する場所に、その棲み家が設定されていることがわかる。さらにその場所は、陸奥国と下野国の国境にあたり、特に関所が置かれるような、重要な場所であった。

白河関《しらかわのせき》が、いつ設置されたかのかは不明であるが、少なくとも延暦一八年（七九九）と、承和二年

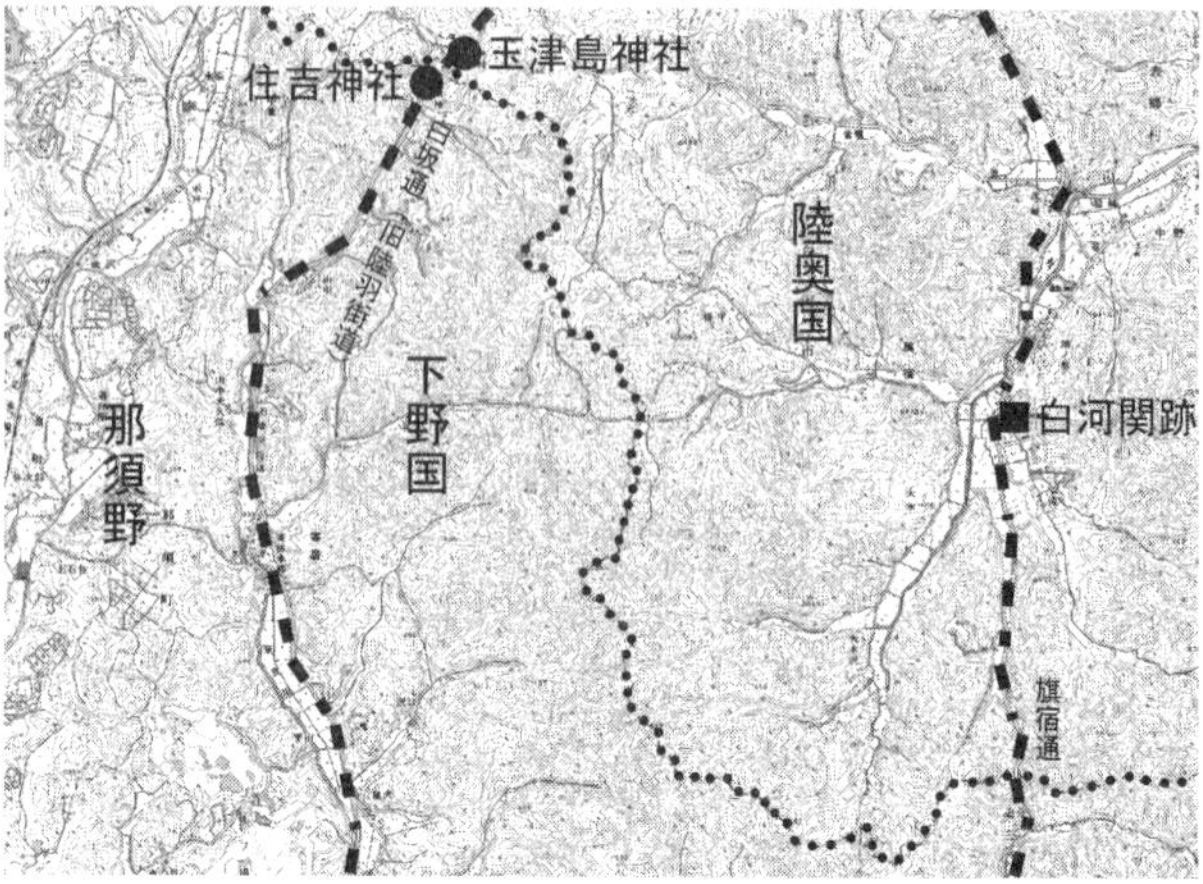

図 3　那須野周辺の古代の交通路と白河関
島方洸一他編『地図でみる東日本の古代』平凡社, 2012, 196 頁を参照した.

図 4　栃木県那須町の旧下野国側にある
住吉神社と白坂通
撮影：佐々木.

（八三五）の太政官符にその名が見え、特に後者では、白河関設置以来四〇〇年、とあることから、少なくとも前にも紹介した、大化改新の詔の頃には存在した、と考えられる(4)。この関が設置された理由は、蝦夷に対する防衛にあった。つまりここまでの議論にある通り、ここでも先住民と荒ぶる神の関連が、おおいに想定できるわけだ。

さて、図3を見ると、この周辺を二つの古代の道が通過していたことがわかる。古代の白河関が、どちらにあったのかは、議論が分かれるが、男神である中筒男を祭る住吉神社（図4）、そして女神である衣通姫を祭る玉津島神社が、それぞれの国境に置かれていることから、現在の白河関跡は中世以降の関所で、白坂通の方に古代の関所があった、と考える研究者もいる。その見解は、先に述べた、道饗祭で男女二神を祭るという、ネットワーク上の古代的行為にも通じる。

また、白河二所の関、という呼び名が、古くからあったことから、この男女二神を祭る二所が、古代の関所だとする意見もある。さらに興味深い指摘がある。それは相撲部屋に、二所の関部屋とあるように、関所と相撲が関連しているとする見解である(5)。なぜ相撲取りを、関取というのか。

第6章の『播磨国風土記』の「意比川」の伝承で、道ゆく人の半数を殺す神を紹介した。その荒ぶる神を祭る際、この川を下りながら、人々は押し合いをする祭礼を行った。それで意比川と名付けられた、と。おそらく、この押し合いとは、相撲のことであったろう。その根拠の一つは、平安京の怨霊を祭る御霊会（現在の祇園祭）でも、相撲が披露されたからであった。つまり荒ぶる神、とくに殺された先住民や御霊の祭祀に、相撲が欠かせなかったのではないか。その他にも、相撲とは呪的で、先住民を服属させる儀礼だった、との研究がある(6)。したがって、その祭祀を行う場所、特にこのような国境や関所では、相撲取りが控えていた。ちなみに現在の白河関跡にも、白河相撲道場が置かれている。

再び物語に戻ろう。上総介と三浦介は、同日に到着して、那須野の茫茫たる荒れ野の草を切り開いて、馬を駆け入らせた。すると、すぐに尾が二つある狐が、深く茂った森から走り出た。皆われ先に名をあげようと、駆け廻すが、神通力を得た変化の狐がゆえに、弓を討っても巧妙にすり抜け、一向にあたらない。そしてその狐は、四方八方へと飛び走り、射止める術もなく、行方知らずとなってしまった。

そこで彼らは、いったん国に帰り、作戦を練りなおし、弓の腕も磨いて、出直すことにした。上総介は、速歩きの馬に、鞠をつけて飛ばし、鞠のおちるところを、矢で討つ訓練をした。三浦介は、狐と似た犬を走らせ、弓を討つ訓練をした。そして再び那須野へと戻ってきた。

これが最後だ、と弓を放つのだが、うまくいかず、七日七夜逗留した。そして両介は誓った。この狐を狩ることができなければ、二度と本国には帰らない。そして弓矢の家を捨て、流浪の身となる、と。そして神仏に祈った。そのあと三浦介は、少しまどろんだ。するとそのとき夢に、二十歳位の美しい女性が現れて、涙を流しながら語りはじめた。あなたは、私の命を奪おうとしている。私を見逃してくれるのであれば、子々孫々まで、守護いたしましょう、と。

三浦介は、はっと驚いて起きた。そして若い衆を集めて、いま不思議な夢を見た、この狐を捕るのは今だ、と。三浦介はすぐに立って、弓をとり、馬の腹帯を締めて、まだ暗いうちから狐狩りをはじめた。おそらく三浦介は、玉藻前が劣勢となっているさまを、この夢から悟ったのであろう。朝日が出る頃、例の狐が野から出て来て、走り出そうとするところを、三浦介は弓を手にとって、染めた羽の鏑矢をかまえ、ただ一矢で、ついにこの妖狐を射止めたのだった（図5）。そして、そのまま夜通しで上洛し、院に叡覧した。

おどろいた院は、この妖狐を射止めた時の、再現をせよと、一匹の赤犬を走らせたという。それ以来この犬を使った弓の訓練や競技を、犬追物《いぬおうもの》というようになった、と記す。そしてその後、その狐は、あの大嶽丸や酒呑童子と同じく、宇治の宝蔵に収められ今もある、と伝えられている。なぜ宇治の宝蔵なのか、については、すでに第9章で述べた。

さて、この物語は、ここで終わる系統の伝本と、この後に、この狐が石となって近寄る生き物たちを殺す、いわゆる殺生石説話の話を持つ系統とに分かれている(7)。この殺生石説話は、この栃木県那須地方の伝承としても伝えられている。

昔、昔、ずっと昔、まぁーだ那須野ヶ原がこんなに開けねえ広々とした原っぱだったころ、この原に一匹のこうらをへた白い顔で金の毛におおわれ、九本の尾っぽのある狐がいたってことです。この狐は、遠い唐の国でいたずらをし日本に飛んできて、ここで美しい玉藻とかいう女に化けて天皇さまをたぶらかしたってことですが、とうとう化けの皮をはがされ、この那須野ヶ原へ飛んで来たってことです。ここへ来ても悪いことばかりして人や那須野ヶ原の道行く人を苦しめたんで、とうとうたくさんの武士たちが、火ぜめにしてこの狐をいぶり出し、討ちとろうとしたんだそうです。するとこの狐は大きな岩に化けてしまったんで、武士たちもどうすることもできなかったちゅうことです。この石は、それからというものは、毒石になって、またまた毒をふりまきました。それからずっと後になって、ゲンノウ和尚さまというとても徳の高い坊さまが来て、この毒石の前でとてもありがたいお経をあげてくれたところ、この石は三つにぶっさけて、一つは信濃川へ、

図 5　那須野で射止められた妖狐「玉藻前」
奥平英雄編『御伽草子絵巻』角川書店, 1982, 38 頁より.

図 **6**　栃木県那須湯本温泉の殺生石
撮影：佐々木.

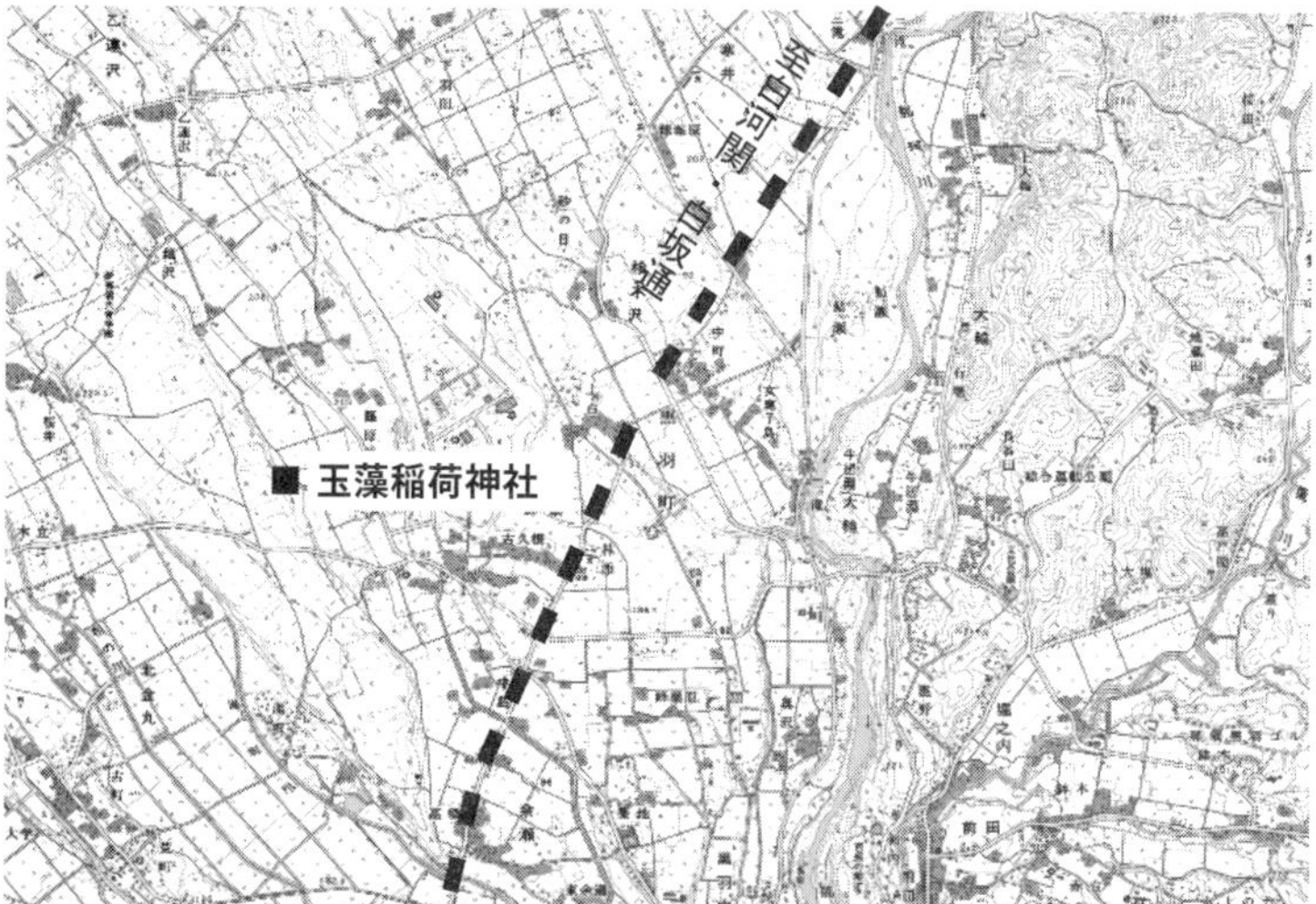

図 **7**　三浦介が玉藻前を射止めたとされる鏡ヶ池のある玉藻稲荷神社と古代の交通路
島方洸一他編『地図でみる東日本の古代』平凡社，2012，183 頁を参照した.

一つは烏山の下境へふっとんで行き、残りの一つが今那須にある殺生石になったっちゅうことです。それからというものは、この石は悪いことはしなくなったそうです(8)。

このようにこの中世の物語も、地域の伝承として、現在も根付いているのだ。つまり権力の側から一方的にこの地の出来事として、押しつけられたかのように見えるが、この古代の様々なアクターのネットワーク上で、生き生きと、地域の人々が自ら語っているのである。しかも権力者側には見られない、様々な要素も発見できる。

たとえば、ことばだけでなく殺生石という石が、物として存在している点をあげることができよう(図6)。さらに三浦介が、この妖狐を討ち取ったとされる場所もある。図7はその場所を示した地図である。ここでも古代の交通路が、そのすぐ近くを通っているのが見て取れる。先の伝承には、那須野ヶ原の道行く人を苦しめた、とあるように、この図からも、道の荒ぶる神の性質が読み取れる。

そしてその場所には、玉藻稲荷神社が置かれている(図8)。周囲の地形を見渡すと、第4章で紹介した『常陸

図8　栃木県大田原市の玉藻稲荷神社のある谷
茨城県の夜刀神神社や島根県の荒神谷とも類似する地形に，この神社はある．撮影：佐々木．

国風土記』の夜刀神神社、さらに第7章で紹介した島根県出雲市のスサノヲを祭る荒神谷などの、細い谷と低い丘陵という条件を有している。つまり地形的に見ても、古代の荒ぶる神の特性を秘めているのだ。

この神社は、玉藻前の霊を鎮めるために、地域の人々が建立したとも伝えられている。あるいは、三浦介が玉藻前をここに追い詰め、見失ったところ、桜の木の枝にとまっていた蝉が、神社の境内にある鏡池に、狐として映っていて、討ち取ることができた、との伝承もある。また境内のはずれには狐塚もある。またこの伝承では、二尾の狐が、九尾の狐になっているのも中世の物語と違う点であろう。このようにことばや物などのアクターが、この律令国家が創り出した、ネットワーク上で、複雑に作用し合い、あらたなことばや物で織りなされた、意味空間を生成しつづけているのだ。

そして、ある歴史的事実とも関連している。というのは、この事件が発生したとされるのが、久寿元年、この年の春に、玉藻前が鳥羽院の前に現れ、院は病となった、とこの物語は語る。現実世界では、久寿二年（一一五五）近衛天皇が崩御、そしてその翌年に鳥羽院も亡くなっている。そして院の死をきっかけに、さらに翌年の保元一年（一一五六）、崇徳上皇と後白河天皇の間で、あの保元の乱が起こっているのだ。

小松和彦は『日本妖怪異聞録』のなかで、当時摂関家の中心にいて、後白河天皇の側についた藤原忠実が、密教の外法で狐を祭ったダキニテンを修して政界復帰を果たした、との伝承に注目し、近衛天皇や鳥羽院の病や死は、この狐の外法による呪詛との噂が、この物語の背景にあったのでは、と指摘する(9)。

この保元の乱に敗れた崇徳上皇は、讃岐に流される。天皇家から出た罪が、大祓のごとく平安京から淀川を伝って、難波の海から、四国は讃岐へと祓われたのである。『保元物語』によると、崇徳上皇は讃岐で亡くなる前、まるで天狗のような姿となって「日本国の大悪魔となり、皇を取って民となし、民を皇となさん(10)」と誓ったとされる。ところが、本書の第7章で紹介した『太平記』「雲景未来記の事」によると、貞和五年（一三四九）、崇徳上皇はいつの間にか、天狗の姿となって、あの平安京の北の山、愛宕山に帰還し、この世を乱す会議を行っていたことが、雲景によって目撃されているのだ。おそらくその帰還は、根の国底の国から、荒ぶる神が都をめざすとされる、道饗祭の世界観を投影していたのだろう。そしてこの乱をきっかけに、時代は平家、そして源氏、つまり武士の世へとかわっていくのである。玉藻前の物語は、このような時代の変わり目を、するどく見つめていたのではないか。

これらは、もちろんフィクションである。だがしかし、何度もいうようだが、そこには現実空間が、常につきまとうのだった。

（3）妖怪巡礼の旅

このフィクションにつきまとう、現実空間にこだわることが本書の目的であり、その作業を、妖怪巡礼の旅と称してきた。そしてこのこだわりこそが、妖怪文化を地理学的に考える第一歩でもあった。これら古代や中世のフィクション群は、歴史学や、国文学、あるいは民俗学が研究対象としてきた。しかしフィクションが故に、その隣に無表情な顔をして並んでいる、実在する地名群には、あまり焦点が当てられてこなかった。なぜなら彼らは、記述された、あるいは伝えられてきた、ことばにもっぱら注目し、それらを地図化しようとは考えなかったからだ。

物語を地図化して得た空間情報は、ことば以上に多くを語る、と地理学者はあえて主張したい。さらに大祓や道饗祭などの祝詞、あるいは儺の祭文などのことばにも注目し、その神話的世界観を支えているのが、実在する古代の交通ネットワークであることに注目することで、フィクションを語るうえでの、その場所の重要性が、あらためて浮かび上がってきた、とも。おそらく古代や中世の人々は、私たち以上に、このフィクションに寄り添う場所の重大性を理解していただろう。

妖怪文化を地理学的に考える、さらなる歩みは、地理学の方法論にあった。地理学の方法論の懐の深さは、一般の人たちにはあまり知られていない。フィクションを研究してもいいし、イメージ世界の研究だってしてもいいのだ。つまり妖怪文化を研究してもかまわないのだ。そしてそこから抽象的な人類に共通する、神話的世界観に到達しても問題はない。歴史学者や国文学者、民俗学者でさえ、このように妖怪文化を扱うのは、困難なようだ。端で見ていてそう感じる。もっとも、ほとんどの地理学者たちは、このような文化に関心はなさそうだが。

第1章で、このフィクションやイメージ世界を研究する、いくつかの地理学の方法論を紹介した。そのなかで本書が最も重要視したのが、人間以外をもアクターとしてとらえ、それらのネットワークが、空間を生成させ続けるという考え方であった。現在の社会を生きる私たちも、おそらくはほとんどの人が、ここでいうような、様々なアクターからなる、ネットワークのなかで生きている。私たちは、一度そのネットワークに参加してしまうと、ネットワーク上での暗黙の規制に支配されてしまう。そして知らぬうちに標準的な行動をとることになる。そうでなければ、おそらくそのネットワークから、何らかの形で攻撃を受け、ほどなくはじき出されてしまうだろう。

そのネットワークの数は、大きなものは、様々な国際ルールから、日本国内の種々の明確な規制、暗黙のルールまで入れると、膨大な数となろう。テレビを見ても、あるいはパソコンやスマホというモノを介したネットトを使用しても、また車を購入しても、高速道路に乗っても、公共交通機関を利用しても、歩道を歩いても、これらネットワークに参加するかぎり、この規制を受け続けることになる。近年のインターネットのソーシャル・ネットワーク・システムに参加する人たちの行動を見ていると、車を運転していようが、公共交通機関を利用していようが、歩いていようが、これまでのネットワーク以上に、行動の規制を受けているように見受けられる。ネットワーク上で誹謗中傷を受けた結果、自らの命を絶つ人すらいるのだから。

古代のネットワークも様々あったろう。しかしここで素材としたのは、古代律令国家が創り出した交通ネットワークである。このネットワークを神話という情報が、中央から地方に向かって流れる。その神話は、言葉だけでなく、人々の行動をも規制する。神話にもとづく祭礼や年中行事は、今でも人々の行動を支配する場合がある。年末に大掃除をし、餅を買い、除夜の鐘を聞き、初詣をする。これら行為は、ほとんどの日本人がやっている。そして節分に豆まきをする人も、桜が咲くと、弁当と酒をもって花見をする人も、知らずうちに規制を受け、標準的行動をとっているのである。「そんなこと一度もしたことありません」といったら、おそらく奇異な目で見られるだろう。つまりこれらネットワーク上の行動の標準化は、今でも生きているのだ。

これら行為は、必ずどこかで行われる。家の中である場合も、集落の特定の場所の場合も、寺や神社の場合も。つまりことばは行為となり、建築空間や集落空間、そして建築物もともなうことになる。祭祀の道具や、神への奉納品などの物も必要となる。それらを滞りなく遂行するには、人間組織も必要となる。人間が組織を作ると、さらなるネットワークが形成され、規制がはじまる。そこで標準的行動がとれない人は、組織からも空間からも、時間からも排除され、場合によっては権力によって拘束されることになる。つまりこれらネットワークから排除されると、悲惨なことになるのだ。鬼や妖怪となって、退治される物語の正体は、このようなネットワーク上での不適切な行為の排除行動だったのだ。そう古代や中世の物語は、説いているように思えてならない。

「風土記」の情報は、このネットワークを伝って、都へと逆流した。古老の言い伝えを報告せよ、との中央の命令は、何を意図したのだろう。『常陸国風土記』や『播磨国風土記』、あるいは『肥前国風土記』などは、荒ぶる神たちが、律令国家の開拓の最前線にいて、道ゆく人々を妨害していると報告する。まさに律令国家の権力がどこまで浸透し、人々の標準化がどこまで進んでいるのかを、確認しているのである。これら「風土記」は、積極的に標準化しない人たちを密告している。それに対して『出雲国風土記』は、無言を貫き通す。全国が「風土記」を朝廷に報告したようだが、なぜ東の端の常陸国、西の端の豊後国と肥前国、そして畿内の西側の外に位置する播磨国、そして問題の出雲国だけが残ったのだろう。ネットワーク上の重要性を鑑みた時、私には単なる偶然とは思えない。

それはさておき、中央が語る中世の物語『田村の草子』の鬼たちも、古代とほぼ同じような性質を持っていた。それらは基本的に、都から遠くに存在する、山河や道の荒ぶる神で、遠くで荒れているのを、都にいる朝廷が聞き届け、将軍が討伐する話であった。ところが酒呑童子は遠くにいながら、都の人々に害を加える。それを都あるいは畿内の侍が勅命を受け、退治に向かう。さらに本章で紹介した『玉藻前物語』では、遠方の荒ぶる神が、平安京の宮中にまで入ってきて、天皇や院を狙うのである。

遠方にいた荒ぶる神々が、酒呑童子では、平安京の内部へ、そして玉藻前は、ついに天皇家へとその魔の手をのばしたのである。この古代から中世への、荒ぶる神の姿の発展は、何を意味しているのだろう。玉藻前の決定的な違いは、その妖狐の退治を、中央から将軍や侍が遠征するのではなく、在地の武士団が行っている点である。わざわざ中央から討伐隊を派遣しなくてもいいわけだから、この時期になると、ある程度の地方支配が、進展していたことを指し示しているのだろう。ところが先にも述べたように、この物語の後に、武士の時代がやってくることになる。であるならこの物語は、このネットワーク上の、支配と抵抗の空間編成の変動を、予言していたのかもしれない。なぜなら、ここで紹介した中世の物語群の舞台は、東へ東へと、荒ぶる神の棲み家を想定しているからだ。いずれ中心は、東へ移動すると。

古代の神話的世界観は、ことばや言説で表現される。それが儀礼や祝詞、祭文で人々の実践を通じて再現され反復される。その舞台は、ネットワーク上に設置された、国府や郡家、そして寺や神社などの宗教施設、あるいは国境、関所、城柵、さらにその近くの山や河などの自然景観だった。大風や雷などの天候も、アクターとして動員されることもあった。大祓や道饗祭は、このような日本列島を駆け巡るネットワーク上の様々な土台があって成り立っていたのである。中世になってからも、荒ぶる神を祖先に持つ、鬼や大蛇、妖狐などの妖怪が再び物語化、ことば化された時、再びその土台が浮上する。そこに古代律令国家が形成してきた、権力と抵抗の闘争空間が局地的に浮上する。それが岩手山や那須野、鈴鹿山や国上山、伊吹山だったのだ。

このように古代の物語、中世の物語、そして現在もある場所群を、時空を超えて巡礼する旅が、妖怪巡礼なのだ。さて次回は、中世から近世、近代へと、この旅を続けてみよう。

注

（1）本書では、横山重・松本隆信編『室町時代物語大成　補遺二』角川書店、一九八八、一五一～一六二頁、および奥平英雄編『御伽草子絵巻』角川書店、一九八二、一八七～一九三頁を参照した。
（2）小坂眞二「陰陽道と道教」『「道教」の大事典』神人物往来社、一九九四、三六〇～三六三頁。
（3）佐々木高弘『シリーズ妖怪文化の民俗地理3　神話の風景』古今書院、二〇一四、一八二～一九八頁。
（4）福島県白河市編・発行『白河市史　第一巻　通史編1　原始・古代・中世』二〇〇四、一八三～一八四頁。
（5）岩田孝三『関址と藩界』校倉書房、一九六二、七三～八四頁。
（6）相撲の呪的性格については、寒川恒夫編著『相撲の宇宙論―呪力をはなつ力士たち』平凡社、一九九三を参照。
（7）川島朋子「京大美学本『たまものまへ』の性格」『京都大学蔵むろまちものがたり　第七巻』臨川書店、二〇〇二、五〇七～五一八頁。
（8）渡邊昭五編『日本伝説大系　第四巻』みずうみ書房、一九八六、三三一頁。
（9）小松和彦『日本妖怪異聞録』小学館、一九九二、五八～六〇頁。
（10）永積安明・島田勇雄校注『保元物語　平治物語』（日本古典文学大系31）岩波書店、一九七一、一八一頁。

あとがき

私が、殺生石の調査のために、栃木県那須町の那須湯本温泉を訪ねたのは、二〇一八年八月二十七日のことだった。レンタカーで温泉街を徘徊していると、警察官が大勢いる一角があった。何かあったのだろうか、と思って通過した。温泉宿でテレビを見ていると、現在の今上天皇である、当時の皇太子が、那須御用邸を訪問しているニュースが流れていた。あ、そのために警察官が大勢いたのだ、と合点がいったのを覚えている。二〇一八年のこの頃、もうすでに平成天皇は、翌年、皇太子に譲位することを発表していた。と同時に平成天皇は、上皇になられることも。

私は食後、温泉に浸かりながら、今日あった出来事について、色々と思考を巡らしていた。今日、たまたま那須湯本温泉におられる皇太子は、来年には天皇になられる。そして平成天皇は上皇に。すると私の頭の中は、あの『玉藻前物語』との奇妙な一致で、めまいがするほど一杯になった。この物語も、近衛天皇と鳥羽上皇の話ではなかったのかと。私は勝手にこの一致に興奮し、この物語は、今でも生きているのだ、と誰かに伝えたくて叫びたいほどだった。

私は那須野にいながら、殺生石を訪ね、たまたま現在の天皇と同じ空気を吸い、はたまた現在の上皇のことに思いを馳せていたのである。それにしても、どうしてあの妖狐のいたこの那須の地に、御用邸があるのだろう…。そして思った。あの律令の権力のマイルストーンは、現在でも生きているに違いない、と。

そしてその日に、訪ねた白河関跡のことにも思いが至った。実はこの年の全国高校野球選手権大会（甲子園大会）の決勝に、東北の高校（確か金足農業高校）が歩を進めたのが話題になっていた。なぜなら未だ夏の甲子園大会で、東北地方の高校が優勝していないからだ。そして思い出した。東北の高校が甲子園大会に出場するとき、必ず戦勝祈願する場所が、白河関にある白河神社だったと。なぜ白河関の神社に祈願するのか。それは先にも述べたように、まだ夏の大会の優勝旗が、東北の高校の手に渡っていない。そのことを世間は、「優勝旗は今だ、白河関《しらかわのせき》を超えない」と表象するからだ。ここでも古代の何かが、まだ生きている。そう感じた瞬間から、本書の構想が、私の頭をよぎった。そしていつか、このことを本にしようと。

このように妖怪文化とは、一見関係のなさそうな人や物、場所をネットワーク上で関連づける思考方法なのだ。そしてこのアクター・ネットワーク理論こそが、いま様々な人や物、場所が分断された世界に、必要とされているのだ。

さて本書は、ほとんどが書き下ろしであるが、第1章のみは、「妖怪文化を地理学的に考える」『比較日本文化研究』第二〇号、風響社、二〇二〇、一〇二〜一一三頁に加筆修正を加えたものである。

今回も古今書院の関 秀明氏に御世話になった。本書は古今書院の「シリーズ妖怪文化の民俗地理」の第四弾である。いずれも、ひなた未夢氏にすばらしいデザイン画を描いてもらった。謝意を表したい。

なお本研究の一部は、平成二九〜令和二年度科学研究費補助金（基盤研究C）「古代的世界観を記憶する景観の歴史地理学的研究（課題番号 17K03262）」（研究代表者：佐々木高弘）を使用した。

二〇二〇年七月　　歴史的疫病流行「コロナ禍」のなかで

佐々木 高弘

索　引

文献名は『　』で示す

あ行

か行

著者紹介

佐々木 高弘 （ささき たかひろ）

京都先端科学大学人文学部歴史文化学科教授．1959 年兵庫県生まれ．大阪大学大学院文学研究科博士後期課程中退．大阪大学文学部助手，京都学園大学人間文化学部教授，などを経て現職．専門は歴史・文化地理学．
単著に『民話の地理学』(古今書院, 2003 年),『怪異の風景学』(古今書院, 2009 年),『京都妖界案内』（大和書房, 2012 年),『神話の風景』（古今書院, 2014 年),『生命としての景観』（せりか書房，2019 年). 共著（分担執筆）に『妖怪　怪異の民俗学 2』(河出書房新社, 2000 年),『記憶する民俗社会』(人文書院, 2000 年),『日本人の異界観』(せりか書房, 2006 年),『日本文化の人類学 / 異文化の民俗学』(法蔵館，2008 年),『妖怪文化研究の最前線』（せりか書房，2009 年),『妖怪文化の伝統と創造』(せりか書房, 2010 年),『妖怪学の基礎知識』(角川学芸出版, 2011 年),『進化する妖怪文化研究』（せりか書房, 2017 年),『NHK 趣味どきっ！京都・江戸魔界めぐり』（NHK 出版，2019 年）など．

シリーズ 妖怪文化の民俗地理 4

書　名	**妖怪巡礼**
コード	ISBN978-4-7722-8512-4　C3339
発行日	2020（令和 2）年 11 月 19 日　初版第 1 刷発行
著　者	**佐々木 高弘**
	Copyright ©2020 Takahiro SASAKI
装　丁	ひなた未夢
発行者	株式会社 古今書院　橋本寿資
印刷所	株式会社 理想社
製本所	株式会社 理想社
発行所	古今書院
	〒 113-0021　東京都文京区本駒込 5-16-3
電　話	03-5834-2874
ＦＡＸ	03-5834-2875
振　替	00100-8-35340
ホームページ	http://www.kokon.co.jp/ 検印省略・Printed in Japan

シリーズ 妖怪文化の民俗地理（既刊 4 冊）

佐々木 高弘　著

1　民話の地理学

本体 3300 円

鬼の描かれた風景、首切れ馬の走る道、蛇伝説の山。妖怪や物の怪はどんな場所に出現するのか？　人や社会にとってどんな意味があるのか？　童話から映画まで 39 作品を「場所」から考察していくユニークなストーリー。
扱う民話～映画作品：「大工と鬼六」「奈良梨採り」「グリム二人の旅人」「スタンドバイミー」「首切れ馬」「蛇聟入」「スリーピーホロウ」「もののけ姫」ほか。シリーズ版ではインターネットの怪談を増補。
初版 2003 年、シリーズ版 2014 年刊。

2　怪異の風景学　本体 2800 円

宮崎アニメ「千と千尋の神隠し」で迷い込んだ異界が昭和初期の風景なのはなぜか？　「ぽっぽや」で開拓の犠牲になった娘の幽霊が駅舎に現れるのはなぜか？　首切れ馬が現れ、立ち去るルートが意味するものは？

神話・伝説や映画・物語・廃墟画に描かれた風景を分析し、人々が「妖怪が出そう」と感じる風景の意味を探る日本文化論。妖怪が現れ、去っていく方向から、地域の隠された歴史がみえてくる。

初版 2009 年、シリーズ版 2014 年刊。

3　神話の風景　本体 3000 円

洪水を語る世界の神話、日本の神話にはなぜか洪水が登場しないが、代わりに語られたものは…疫病！　コロナ禍時代に深い視点を投げかける１冊。世界各地の神話から日本神話まで、時代や地域性によって変容を重ねた神話の痕跡をたどり、それぞれの時代や地域の特性のなかに伝承群を置き直して、神話に新しい光をあてた作品。
扱う神話：日本神話、平安絵巻物、日本各地の伝説、北欧神話、古代エジプト神話、星座の神話、ギリシア神話、ギルガメシュ叙事詩、旧約聖書、インドの神話ほか。
シリーズ書き下ろしで初版 2014 年刊。